SIN PANTALLAS

y SIENTO PIENSO MEJOR

M

Papel certificado por el Forest Stewardship Council®

MIXTO
Papel | Apoyando la silvicultura responsable
FSC® C117695

Penguin Random House Grupo Editorial

Primera edición: mayo de 2024
Primera reimpresión: julio de 2024

Printed in Spain – Impreso en España

ISBN: 978-84-10050-53-2
Depósito legal: B-5.891-2024

Compuesto en Compaginem Llibres, S. L.
Impreso en Gómez Aparicio, S. L.
Casarrubuelos (Madrid)

GT 5 0 5 3 2

SIN PANTALLAS

SIENTO *y* PIENSO MEJOR

NO DEJES QUE
LAS PANTALLAS
DOMINEN
TU CEREBRO.
¡DESCONECTA YA!

FRANCISCO VILLAR

Ilustrado por
SARA CABALLERIA

Montena

Índice

Introducción

Más libros, menos pantallas

Cuando eras más pequeño, alrededor de los cinco o seis años, empezaste a leer, como quien aprende a usar una nueva y emocionante herramienta. Fue un tiempo mágico, lleno de descubrimientos, donde cada palabra y cada frase eran para ti una nueva aventura. Tus padres también te leían cuentos antes de irte a dormir, y cada historia era un viaje a un mundo diferente. Pero ahora, algo aún más emocionante está sucediendo: estás empezando a usar la lectura para aprender por ti mismo.

Más o menos a los diez años comienzas una etapa maravillosa. Ya no solo lees para descifrar letras y palabras, sino que lo haces para explorar, para satisfacer tu curiosidad, para entender el mundo que te rodea, para disfrutar y para pasar un rato agradable. Esta habilidad te da una libertad increíble. Imagina que cada libro es una llave que abre las puertas a secretos, aventuras, conocimientos y mundos nuevos que no eras capaz de imaginar. ¡Y lo mejor de todo es que tú tienes el control de esa llave!

Sin embargo, en un mundo lleno de pantallas, donde las tablets, los móviles y los ordenadores están por todas partes, es muy fácil olvidar el poder de un buen libro. Las pantallas pueden ser entretenidas, sí, y exigen menos esfuerzo, pero no ofrecen la misma riqueza, el mismo desafío para tu mente ni la misma oportunidad de volar con la imaginación que te da un libro. Leer cuesta solo un poquito más, pero el premio es mayor.

Cuando lees un libro, no solo estás viendo letras en una página; estás construyendo mundos enteros en tu mente, estás viviendo mil vidas y viajando a lugares que ni siquiera sabías que existían. **La lectura fortalece tu cerebro, mejora tu concentración, fomenta la imaginación y la empatía y te enseña a pensar de manera crítica y creativa.**

Es por ello por lo que este libro tiene un mensaje muy importante para ti: las pantallas no son buenas ni para

niños ni para adolescentes menores de dieciséis años. Leyendo este libro aprenderás siete razones por las que vivirás mucho mejor sin pantallas. Sé que puede parecerte extraño, pero **gracias a la ciencia, la psicología y el desmantelamiento de muchas técnicas de marketing,** estoy seguro de que vas a comprender por qué debes dejarlas a un lado antes de que dominen tu cerebro.

A lo largo de este volumen, analizaremos algunas de las estrategias comunicativas que las empresas tecnológicas utilizan para intentar convencer a los padres y a los gobiernos de que deben exponer a niños y adolescentes a las pantallas. A los argumentos que usan los llamaremos «mitos», aunque los mitos suelen surgir de la sociedad para cubrir la ausencia de una información que necesitan y, en este caso, en cambio, muchas de estas informaciones falsas las generan y ponen en circulación las propias empresas.

Antes de seguir leyendo, quiero que sepas que las personas que se dedican a diseñar las pantallas y sus contenidos mantienen a sus propios hijos alejados de ellas. Los dueños y trabajadores de las empresas tecnológicas invierten las enormes cantidades de dinero que generan por el tiempo que los niños están delante de una pantalla en una educación sin pantallas para sus hijos. ¿Por qué? Lo descubrirás enseguida.

PARTE 1

EL CEREBRO, LAS PANTALLAS Y TÚ

1

Las pantallas han contaminado nuestro cerebro

Mira a tu alrededor. Estás en un mundo donde hay pantallas por todas partes: móviles, tablets, ordenadores, teles... Todos las usan todo el tiempo. A veces, lo hacen durante tanto rato, están tan distraídos con ellas, que parecen zombis.

¿Te has preguntado alguna vez cómo las pantallas influyen en tu vida?

Estos aparatos son como una ventana a un mundo diferente y nos permiten pensar, sentir y conectar con otras personas de una manera inusual. Es como si estuviéramos explorando un gran mar lleno de información y entretenimiento.

Sin embargo, mientras lo hacemos, la forma en que pensamos y nos comportamos también va cambiando, muchas veces sin que nos demos cuenta. Porque las pantallas pueden tener cosas buenas, pero especialmente en la infancia y la adolescencia, también muchas otras que son malas.

Estas son las siete razones por las que las pantallas hacen daño a tu cerebro.

1. Las pantallas impactan sobre tu salud física.
2. Las pantallas limitan tu neurodesarrollo.
3. Las pantallas interrumpen tu atención.
4. Las pantallas afectan tus emociones.
5. Las pantallas entorpecen tu comunicación.
6. Las pantallas empeoran tus relaciones.
7. Las pantallas ponen en riesgo tu seguridad.

Y ¿qué es lo que necesita tu cerebro en realidad?

1. Actividad y contacto físico.
2. Aprendizaje natural.
3. Juego libre.
4. Bienestar emocional.
5. Buena comunicación.
6. Relaciones sanas.
7. Contenidos adaptados a tu madurez.

EL MARKETING	LA REALIDAD
«Si no tienen móvil, se quedarán fuera».	Lo que hay fuera de la pantalla es la vida, y la vida es fantástica. Cuando apagas la pantalla se enciende la vida.

¿Cómo nos afectan las pantallas?

Las pantallas, como los móviles o las tablets, pueden hacernos sentir de muchas maneras diferentes. Pueden hacer que te sientas contento, triste o inquieto. Porque **las pantallas tienen un gran poder sobre ti, un poder que no podrás controlar**.

Por ejemplo, pueden hacer que dejes de hablar o jugar en persona con tus amigos. Porque lo haces más a través de las pantallas, ya sea

por mensajes o por videollamadas. Eso es un problema, porque los expertos dicen que, para crecer felices y sanos, lo que necesitamos es jugar y pasar tiempo con amigos y familia.

Las pantallas también pueden robarte tu tiempo y tu atención, como si ejercieran sobre ti un embrujo. Porque las pantallas son tan adictivas que pueden hacer que te olvides de practicar deporte, leer, usar tu imaginación...

Por si fuera poco, las pantallas no solo te apartan del mundo real, sino que te enseñan cosas que no siempre te harán sentir bien. Y, a pesar de todo, no podrás dejar de ver esos contenidos, porque, además de negativos, son adictivos. Como comer chuches.

Cuando tengas ganas de usar una pantalla, recuerda que hay muchísimas otras cosas divertidas que podrías hacer. **Tu imaginación es mucho más poderosa que cualquier pantalla.** ¡Hay un mundo entero fuera esperando a ser descubierto!

¿QUÉ DICE LA CIENCIA?

Las pantallas afectan...

Cómo aprendes y piensas. Pasar tiempo frente a pantallas puede hacer que a algunos niños les cueste más aprender cosas nuevas o pensar de manera clara.

Cómo te comportas. Los niños que pasan tiempo con pantallas a veces pueden tener problemas para portarse bien. Pueden enfadarse fácilmente o no prestar atención cuando alguien les está hablando.

Cómo te sientes. Usar demasiado las pantallas puede hacer que algunos niños y jóvenes se sientan tristes o preocupados.

Cómo conectas con los demás. Unos científicos descubrieron que niños que pasaron cinco días en un campamento sin móviles ni tablets aprendieron a entender mejor cómo se sienten las personas solo con mirarlas. Esto nos enseña que hablar y jugar con otros en persona nos ayuda a comprender mejor a los demás y a sentirnos mejor entendidos.

Todos los sentidos en todo su potencial

Todas las personas descubrimos el mundo usando nuestros sentidos, como ver, oír y tocar, gracias a nuestros órganos sensoriales: ojos, oídos, lengua, nariz y piel. Podríamos decir que **el mundo de los niños y el de los adultos que no están excesivamente expuestos a las pantallas es de 15/15: tres dimensiones por cinco sentidos**.

Nuestra piel nos ayuda a saber qué es parte de nosotros y qué es parte del mundo, como las cosas o la gente.

Nuestros oídos no solo nos permiten oír sonidos, sino que también nos ayudan a mantener el equilibrio y a mover nuestros ojos correctamente. Es lo que se llama sistema vestibular. También tenemos un sentido especial, llamado propiocepción, que nos dice dónde están nuestras manos y pies, incluso si cerramos los ojos.

Usar dos oídos nos ayuda a saber de dónde vienen los sonidos, y con dos ojos podemos verlo todo más claro y saber lo lejos o cerca que están las cosas. Esto es muy útil, como cuando jugamos a atrapar una pelota o caminamos sin tropezarnos. **Todos nuestros sentidos trabajan juntos para ayudarnos a entender y disfrutar el mundo.**

Los órganos sensoriales son casi como adivinos que trabajan juntos para anticipar lo que sucederá a continuación, igual que un portero de fútbol puede predecir la trayectoria de una pelota antes de que esta empiece a moverse basándose en la coordinación de los movimientos del jugador que va a chutar.

Aunque las pantallas pueden activar la vista y el oído, carecen de la capacidad de ofrecer estímulos para otros sentidos como el tacto, el olfato y el gusto. **Estos sentidos son importantísimos para las relaciones sociales y el desarrollo emocional.**

Los olores y sabores, que no pueden transmitirse a través de las pantallas, son importantísimos en el desarrollo temprano y en la formación de vínculos emocionales. El tacto, también ausente en las interacciones con pantallas, es vital para el desarrollo socioemocional y físico. No solo incluye caricias y abrazos, sino que también está relacionado con el movimiento y la consciencia corporal.

Las pantallas solo te permiten vivir en un 4/15: dos sentidos por dos dimensiones. La vida es mucho más rica que eso. **La vida no debe ser solo entretenida, tiene que ser enriquecedora. Las pantallas te entretienen, pero no te nutren; es como comer solo patatas fritas con kétchup.**

En conclusión, **cuando los niños no pasan tiempo con las pantallas, tienen más ocasión para jugar de otras maneras, explorar cosas nuevas y aprender de forma diferente**. Jugar fuera de casa, por ejemplo, no es solo divertido, sino que también ayuda a que tu imaginación y creatividad crezcan. Además, hablar y jugar con otras personas cara a cara te enseña a entender mejor tus sentimientos y los de los demás, lo cual es superimportante para hacer amigos y llevarse bien con el resto de seres humanos.

Nativos digitales: ¿seguro?

A los niños y jóvenes que han crecido en este mundo lleno de tecnología les llaman «nativos digitales», porque parece que para ellos usar estas pantallas es algo natural, como hablar o caminar. Pero esto no es cierto. Usar pantallas no es innato para nadie. Nuestros cuerpos han sido moldeados por la selección natural, y en la naturaleza nunca hubo pantallas.

MITOS DEL MARKETING

El concepto «**nativos digitales**» fue inventado por expertos en marketing para hacernos creer que el cerebro de los niños de hoy está preparado para usar todo tipo de pantallas y así poder vender más. Pero ningún científico afirmaría que el cerebro de los niños de hoy se diferencia del de los del pasado.

Aunque parezca que los niños de hoy nacen sabiendo usar la tecnología, en realidad, no es algo mágico o especial que tengan desde que nacen. Así que, aunque tú y tus amigos sepáis usar los móviles o jugar en el ordenador, no significa que vuestro cerebro esté más evolucionado en este sentido. Simplemente habéis tenido más tiempo para practicar porque están en todas partes a vuestro alrededor. ¡Pero eso no os hace superhéroes de la tecnología ni nada por el estilo!

Así pues, a pesar de que te llamen «nativo digital», eso no quiere decir que nacieras sabiendo cómo usar las pantallas, y mucho menos que las pantallas sean buenas para ti. Aunque parezca que los niños saben mucho de tecnología, aún necesitan que los enseñen y los guíen para usar estas herramientas de forma responsable.

En realidad, los «nativos digitales» y las personas mayores, como tus abuelos, son bastante parecidos en cómo piensan y sienten. **Lo que cambia es lo que han vivido y lo que conocen del mundo digital.** Los adultos también pueden aprender sobre tecnología, aunque a veces les cueste un poco más o les lleve más tiempo que a los jóvenes.

Así que no te sientas especial porque te digan que eres un «nativo digital». Todos, sin importar la edad, estamos siempre aprendiendo y adaptándonos a los cambios que la tecnología trae a nuestras vidas. Y las pantallas, en ese sentido, nos hacen mucho daño.

Te propongo un juego: pregunta a tus padres si cuando eran jóvenes podían llegar a imaginar un bar sin humo, una discoteca sin humo o incluso ¡una clase sin humo! Piensa que hasta los profesores fumaban dando clase a niños. En un mundo lleno de tecnología, puede resultar difícil imaginar una infancia sin pantallas, y mucho más una adolescencia. Pero la verdad es que las pantallas no deberían estar en los bolsillos de los niños ni de los adolescentes. Al menos, hasta que cumplan dieciséis años de edad.

EL MARKETING	LA REALIDAD
«Son una generación digital».	Somos exactamente igual desde hace cientos de años, nuestro cerebro y los estímulos que lo nutren no han cambiado. Uno no se pone en forma viendo deporte, uno no se nutre viendo a alguien comer.

Entonces, ¿por qué nadie hace nada?

Si las pantallas tienen tantos efectos negativos, y muy especialmente para los niños y adolescentes, ¿por qué nadie hace nada?, te preguntarás. Fumar o beber alcohol también es peligroso para la salud, y por eso existen leyes que regulan que los menores de edad no puedan consumir este tipo de productos.

Entonces, si las pantallas son malas, ¿por qué en lugar de prohibirlas, está cada vez más extendido su uso a edades más tempranas?

La respuesta es simple: porque la industria tecnológica genera muchísimo dinero, y los gobiernos aún no se han atrevido a pararles los pies.

Pero las cosas están cambiando. No hace tantos años, era habitual que las familias dieran cigarrillos o vino a los niños; incluso era normal que los profesores fumaran en la escuela. Sin embargo, el avance de la ciencia y la presión social unieron fuerzas para pedir a los gobiernos que regularan la venta y el acceso de los menores a estos productos nocivos. Esto significó una pérdida económica para la industria del tabaco, pero los gobiernos pusieron por delante la salud física y la calidad de vida de las personas antes que la salud económica de las empresas, y eso es muy valiente.

JUNTOS SOMOS MÁS FUERTES

Ante la preocupación por los problemas que acarrean las pantallas en sus hijos, un grupo de familias impulsó un movimiento llamado Adolescencia Libre de Móvil. Empezó con unas pocas familias de una escuela de Barcelona y se fue extendiendo por toda España. En poco tiempo se constituyeron grupos en cada ciudad. Otras movilizaciones parecidas ya se habían organizado y habían recogido miles de firmas para pedir que el gobierno impidiera usar móviles a menores de dieciséis años.

Una familia sola tiene muy poco poder, pero si muchas personas unimos fuerzas, podemos hacer mucho ruido.

El movimiento que defiende retrasar el acceso a las pantallas ha abierto un importante debate en nuestra sociedad, y estamos empezando a ver cambios en las instituciones. La ciudad de Nueva York, siempre pionera en todo, fue la primera que señaló las redes sociales como un problema de salud pública; el siguiente paso que han dado después de reconocerlas como tal ha sido denunciarlas por los daños que están haciendo a los adolescentes. ¿Quién sabe si todo esto acabará pronto en una regulación para proteger a los menores?

Así pues, no es que nadie esté haciendo nada. Se están haciendo muchas cosas, lo que pasa en realidad es que lo que queremos hacer es muy bonito, y como todas las cosas bonitas, llevan su tiempo. Parece que muchos eran conscientes, pero pocos transformaban esa conciencia en energía de cambio; **ahora los primeros que fueron conscientes ya están en movimiento, y ese movimiento está teniendo un efecto de bola de nieve, está despertando a los que no lo eran, y está activando a aquellos que eran conscientes pero pensaban que nada se podía hacer**. Te dirán que el ser humano a veces hace cosas malas, y tienen razón, pero también hace cosas maravillosas, y este deseo de cambiar las cosas, este impulso de protección comunitaria, este movimiento de mamás y papás queriendo proteger a todos los menores de la comunidad, no solo a los que duermen en sus casas, esto es muy bonito.

2

Las pantallas y el cerebro adolescente

Las pantallas no afectan igual a los niños y a los adolescentes que a los adultos, y eso es porque en cada etapa vital el cerebro está aprendiendo y desarrollándose de formas distintas.

La infancia y la adolescencia son las dos etapas más cortas de la vida, y, sin embargo, son las dos fases de desarrollo más importantes. **Se producen más cambios en estos primeros dieciocho años que en los ochenta años restantes.** Crecemos de forma externa y también interna. El incremento de la altura, la musculatura y el pelo es el elemento más visible desde el exterior, pero en el interior se siguen dando estos procesos de forma invisible. Nuestro cerebro sigue creciendo y cambiando hasta que tenemos alrededor de veintidós años. ¿Te lo puedes creer? ¡Hasta los veintidós!

Si tienes alrededor de diez años, sin ninguna duda **vas a ser más alto de lo que eres ahora, también vas a ser más fuerte, pero hay algo más mágico todavía, y es que vas a ser más inteligente**.

Eso significa que, durante toda nuestra infancia y adolescencia, nuestro cerebro está como un jardinero, podando aquí y allá, fortaleciendo algunas conexiones y dejando que otras se desvanezcan. Como si estuviera esculpiendo una obra maestra.

Si todavía no puedes subir a todas las atracciones porque no llegas a 140 cm, no tienes que preocuparte; en poco tiempo podrás. Si ya puedes, solo tienes que recordar que hace un par de años no podías. Exactamente igual, cada vez vas a aprender cosas más difíciles,

cosas que ahora no sabes hacer porque tu cerebro no ha llegado a su máximo potencial. Además, adivina: para muchas de ellas, ni siquiera vas a tener que esforzarte mucho; son cosas que van a pasar de forma tan natural como tu altura. Solo con alimentarte adecuadamente, hacer algo de deporte diario y compartir tiempo con tus amigos y familia es suficiente para poder también extraer todo el aprendizaje que emana de esas experiencias y no interrumpir los procesos de desarrollo. Imagínate si, además, acompañas eso de la lectura...

Todo esto no quiere decir que vayas a ser el más alto de la clase (solo uno es el más alto de la clase), tampoco que vayas a ser el que mejores notas saca, pero sí quiere decir que **a lo largo de la adolescencia desarrollarás todo tu potencial**.

Una etapa crucial (para lo bueno y para lo malo)

Tu cerebro está en crecimiento, y las pantallas son grandes enemigas de un desarrollo pleno y sano. Por eso es tan importante que, en estas etapas, no te expongas a cosas que puedan interrumpir este proceso.

En la adolescencia, el cerebro empieza a comportarse de una manera diferente, debido a los cambios hormonales del cuerpo. Comienza a especializarse más, a ser más eficiente en lo que hace bien. Es una etapa de mucha transformación, por lo cual es muy importante prepararse para esta fase, porque **lo que aprendamos y cómo nos desarrollemos durante la adolescencia puede influir mucho en cómo seremos de adultos**.

La adolescencia es cuando las pantallas tienen más poder sobre nosotros. Pueden hacer que nos enganchemos a ellas, o que las usemos para hablar con amigos, o para descubrir cosas que no son verdad y que pueden ser traumáticas.

La adolescencia es un período importantísimo y, además, muy difícil de gestionar. Si hay pantallas de por medio, todo se complica mucho más. Porque es durante la adolescencia cuando no solo solidificas muchas de las cosas que vas a aprender para el resto de tu vida, sino también cuando eliminarás todo lo que no sirve. **Te conviene potenciar lo bueno y dejar que se desvanezca lo malo, y no al revés.**

EL MARKETING

«Cuanto antes lo tengan, antes aprenderán a usarlo; si no, se quedarán descolgados».

LA REALIDAD

Las tecnologías son cada vez más sencillas de utilizar; mucho de lo que aprendemos acaba siendo innecesario un año después, porque se ha hecho todavía más fácil. Con una pantalla delante los niños no aprenden tecnología, lo que hacen es consumir más de una dieta digital realmente pobre: YouTube, Instagram, TikTok y Twitch.

El cerebro y sus tiempos

El cerebro tiene sus tiempos. Todos los momentos son importantes, pero cada uno lo es más para unas cosas que para otras.

A veces pensamos que cuanto antes aprendamos a hacer las cosas de mayores, mejor, pero eso no siempre es cierto. Por ejemplo, no tiene sentido intentar enseñar a escribir a un bebé de un año, ¿verdad? En cambio, esa etapa es el momento más importante para aprender a hablar. Hasta los siete años, el cerebro es como una esponjita que absorbe todo lo que oye. Si un niño o una niña escucha y practica varios idiomas en sus primeros años de vida, puede aprenderlos muy fácilmente. Pero tienes que saber algo muy interesante: solo si los escucha de personas; todo lo que se escucha en una pantalla no tiene el menor efecto, especialmente antes de los tres años. Es como si tuviéramos un superpoder para los idiomas cuando somos pequeños. **Cada edad tiene sus propios aprendizajes y aventuras. Si intentamos hacer cosas antes de estar listos, puede ser frustrante y aburrido.**

Sobre tener un móvil, la ciencia sabe que deberías esperar hasta los dieciséis años o más. Tus padres quieren asegurarse de que, en el momento en que tengas un móvil, estés **preparado para aprender a utilizarlo de manera segura y responsable**. A lo mejor a tu hermana le dieron un teléfono simple, que solo hace llamadas, para empezar. Puede que no parezca tan emocionante como un smartphone, pero, **a veces, menos es más**.

Si necesitas buscar información para el colegio o por curiosidad, siempre puedes usar el ordenador de casa o preguntar a tus padres. Incluso podéis buscar juntos en internet o ver un vídeo relacionado. Pero recuerda: hay momentos para usar la tecnología y momentos para otras cosas, como hablar, comer o hacer las tareas.

Y sobre la privacidad, tus padres la valoran mucho. Quieren proteger tu intimidad y saber que estás seguro, y eso en internet, a día de hoy, es completamente imposible. Así que, si tienes dudas o quieres saber algo, siempre puedes hablar con ellos. ¡Están allí para ayudarte a crecer y aprender de la mejor manera posible!

El daño de las pantallas es reversible

Si has pasado mucho tiempo frente a las pantallas, tengo buenas noticias para ti. Los expertos dicen que

los efectos de mirar pantallas durante mucho tiempo no son permanentes y que podemos hacer cosas para mejorar nuestra salud y nuestro bienestar. La primera, como puedes imaginar, es dejar de estar frente a ellas. Solo con eso la vida brota, y gracias a la plasticidad cerebral, los procesos que se habían frenado por la interrupción de las pantallas, se reactivarán.

La buena noticia es que es reversible, la mala es que empezar hoy es mejor que empezar mañana. Cuanto antes quites la interferencia, antes empezarás a mejorar, y menos esfuerzo te requerirá. **Hoy es el mejor día para abandonar las pantallas y empezar a disfrutar y aprender del mundo real**, es lo menos tarde posible, y vale la pena.

Piensa que el cerebro es similar a los músculos, se desarrolla y cambia a través de su uso. Por ejemplo, el tiempo excesivo frente a las pantallas puede afectar negativamente ciertas áreas del cerebro, como aquellas relacionadas con el control de los impulsos, lo que puede llevar a decisiones impulsivas y falta de reflexión.

Así como algunos deportistas tienen músculos más grandes y otros son más habilidosos, el cerebro puede crecer o reducirse en ciertas áreas dependiendo de cómo se ejercite.

¿QUÉ DICE LA CIENCIA?

La **poda neuronal** es un proceso muy interesante que ocurre en tu cerebro, y es muy importante para que crezcas y aprendas cosas nuevas. Se trata de un proceso natural de eliminación de neuronas no esenciales para mejorar la eficiencia del cerebro en áreas cruciales. Imagina que tu cerebro es como un jardín lleno de plantas y árboles. Estas plantas y árboles son como las neuronas, que son células especiales en tu cerebro.

Cuando naces y a medida que creces, tu cerebro produce muchas neuronas. Es como si tu jardín estuviera lleno de plantas nuevas y pequeñas. Pero no todas estas plantas se van a quedar en el jardín para siempre. Algunas de ellas no son necesarias, y si todas se quedaran, el jardín estaría demasiado lleno y sería difícil para las plantas importantes crecer bien.

Pues lo que hace tu cerebro es algo parecido a lo que hace un jardinero: «poda». Como cuando el jardinero corta algunas ramas de las plantas y los árboles que no necesitan para mejorar su crecimiento. En tu cerebro, la poda neuronal significa que algunas conexiones entre las neuronas, que son como las ramas de las plantas, se eliminan porque ya no son necesarias.

Este proceso de poda es muy importante, porque ayuda a que tu cerebro sea más eficiente. Imagina que necesitas encontrar un juguete en tu habitación. Si tu habitación está muy desordenada y llena de cosas que no necesitas, será difícil localizar el juguete. Pero si limpias tu habitación y te quedas solo con lo que realmente necesitas, será mucho más fácil hallar lo que buscas. Así funciona la poda neuronal: ayuda a que tu cerebro se deshaga de las conexiones que no necesita para que pueda trabajar mejor y más rápido.

La poda neuronal ocurre mucho cuando eres pequeño y sigue ocurriendo mientras creces, especialmente durante la adolescencia. Es un signo de que tu cerebro se está desarrollando y adaptando a las cosas nuevas que aprendes y experimentas. Con el tiempo, mantiene solo aquellas conexiones que más usas y se deshace de las que no necesitas. Esto conlleva que tu cerebro sea realmente bueno en las cosas que practicas a menudo. ¡Es como si tu cerebro fuera un superjardinero que siempre está trabajando para que seas la mejor versión de ti mismo!

Así que nunca es tarde para empezar. Para ordenar tu cerebro. Para hacer la poda de lo inútil y mejorar lo útil. Para dejar a un lado las pantallas.

3

¿Quién puede regular el acceso a las pantallas?

En un mundo ideal, el regulador del uso de las pantallas deberían ser la propia empresa que las comercializa y el gobierno del país que permite esa comercialización. En la mayoría de los productos, especialmente en esos que son tan poderosos como los tecnológicos, de la seguridad del producto se encarga la industria que los vende. Por ejemplo, la empresa automovilística se encarga de hacer los coches seguros. El gobierno, por su parte, se ocupa de hacer las carreteras seguras, y, entre ambos, consiguen reducir las muertes en los accidentes de tráfico.

Además de la industria del automóvil y de los gobiernos, hay un tercer agente muy importante, que es el que impone el principio de realidad: el conductor. Para conducir un coche, cualquiera necesita un permiso de conducir y ser suficientemente maduro para asumir una responsabilidad tan grande. A ese se le ayuda desde las otras dos patas; así, la industria diseña asistentes de conducción segura y el gobierno exige unos requisitos mínimos al conductor. Con la obligación de unas revisiones médicas y a través de campañas de prevención, consiguen que la mortalidad por accidentes de tráfico se reduzca. También los gobiernos ayudan a la industria, llevando un seguimiento de los productos que estas comercializan, con unas inspecciones técnicas de los vehículos que circulan por las carreteras. **Los tres elementos —industria, gobierno y ciudadano adulto— se dividen las responsabilidades de la seguridad vial.**

Lo mismo pasa con productos que conllevan una enorme responsabilidad y que pueden causar mucho daño, como el tabaco o el alcohol.

Sin embargo, parece que, **ante las evidencias científicas de los peligros que suponen las pantallas en la salud mental y física de los niños y adolescentes, alguien está haciendo la vista gorda**. Y los que quedan desamparados son los más vulnerables. ¿A quién deberíamos exigir responsabilidades?

EL MARKETING		LA REALIDAD
«Hay que preparar a los niños para el mundo que vendrá y este será digital».	→	Hay que preparar al mundo para los niños que vendrán, pensar en el mundo que les queremos dejar.

El gobierno y las instituciones

Los gobiernos son los máximos responsables de nuestro bienestar. Si ellos no lo garantizan, difícilmente se arreglarán las cosas. Además, los gobiernos son quienes pueden introducir leyes y normativas para prohibir el uso de pantallas en el colegio y en otros sitios.

Los gobiernos deberían actuar estableciendo reglas claras para protegernos. Tienen que ayudar a la industria a hacerlo bien. Así, aunque la industria del automóvil sabe que conseguiría más beneficios si pudiera empezar a vender coches a partir de los doce años, el gobierno prohíbe la conducción a esa edad, porque sabe que los coches no son juguetes.

Pues lo mismo debería suceder con las pantallas: desde el gobierno podrían decidir cuánto tiempo es seguro estar frente a las pantallas o asegurarse de que los juegos y aplicaciones sean adecuados y no contengan nada que nos asuste o nos haga sentir incómodos.

Los gobiernos también son conscientes de que proteger el medio ambiente es una de las mejores formas de proteger a las personas. Por eso han exigido a la empresa automovilística que sea cada vez menos contaminante.

¿QUÉ DICE LA CIENCIA?

Igual pasa con la tecnología: el gobierno también es responsable de un uso razonable de esta, pues ha quedado muy acreditado que las tecnologías tienen un impacto cada vez mayor sobre el medio ambiente. Imagínate una única empresa tecnológica, OpenAI, que gasta 700.000 dólares diarios en energía. Además de la energía, cada dispositivo utiliza recursos naturales, tierras raras y materias primas escasas, como cobalto para las baterías. Al igual que cuidar de un parque o un bosque es importante, también lo es usar menos dispositivos, utilizar dispositivos compartidos con otros alumnos en lugar de tener cada uno el suyo, emplear dispositivos sin baterías y reciclarlos adecuadamente... Todas estas son propuestas que ayudan a proteger nuestro planeta.

¿Sabías que cada vez que usamos un ordenador, un móvil o una tablet estamos consumiendo recursos del planeta? Cada uno de estos aparatos necesita materiales especiales para hacerse y mucha energía. Y si cambiamos estos aparatos cada año, como si fueran juguetes viejos, estamos utilizando muchos más recursos de los necesarios. Es como si plantaras un árbol y lo cortaras antes de que creciera. ¡Eso no es nada bueno para nuestro planeta!

¿QUÉ DICE LA CIENCIA?

Imagina que la Tierra es como un gran bosque donde cada árbol es importante para mantener el aire limpio y fresco. Pero hay algo que está haciendo que el aire no sea tan limpio, y eso es lo que llaman «gases de efecto invernadero». Estos gases son como nubes oscuras que se forman cuando usamos ciertas cosas, como coches, fábricas y... ¡sorpresa!, también las tecnologías digitales.

Piensa en los enormes edificios llenos de computadoras (centros de datos) que guardan y nos mandan todo lo que vemos en internet. También cuentan los móviles, las tablets, y hasta los aparatos que nos dan wifi en casa.

Todos los dispositivos digitales que usamos, como los móviles, las computadoras y hasta los sitios web donde vemos vídeos, producen un 4 % de estas nubes oscuras. Y si seguimos así, ¡podría llegar al 8 % en 2025! Eso es bastante, ¿verdad?

Ahora, algo que te sorprenderá: el 1 % de estas nubes oscuras en todo el mundo viene solo de ver vídeos en internet. Y cada vez que buscamos algo en Google, se producen unos siete gramos de estas nubes.

Las empresas tecnológicas

Las empresas que crean juegos, aplicaciones y dispositivos tienen también una gran responsabilidad. Deberían garantizar que sus productos sean buenos para nosotros, y no solo pensar en hacerlos adictivos para que pasemos más tiempo pegados a las pantallas.

Sin embargo, muchas de estas empresas, como las grandes redes sociales y plataformas de vídeo, parecen más interesadas en cuánto tiempo pasamos mirando sus pantallas. **Usan trucos para mantenernos enganchados, recopilando información sobre lo que nos gusta y diseñando sus aplicaciones para que no queramos dejar de utilizarlas.**

¿Por qué lo hacen? La respuesta es sencilla: el dinero. Al mantenernos enganchados, nos muestran más anuncios y nos incitan a comprar cosas, lo que les reporta miles de millones de euros al año. Aunque no todas las empresas tecnológicas tienen malas intenciones, sus prácticas pueden no ser las mejores para los niños.

EL PODER DE LAS EMPRESAS Y EL GOBIERNO

Es importantísimo que nos preguntemos por qué se permite esto y por qué no se toman medidas más firmes para protegernos. Aquí entra en juego, otra vez, el papel del gobierno. Pero este está haciendo cosas curiosas, en lugar de exigir que la industria haga los dispositivos seguros; por ejemplo, en España, la Agencia Española de Protección de Datos (AEPD) está intentando desarrollar un sistema de verificación de edad que permita limitar el acceso de los menores a aquellos contenidos de internet diseñados para adultos. Y esto lo hace con dinero público. Así, mientras las tecnológicas se focalizan en intentar que estemos más horas delante de una pantalla, no dedican esfuerzos suficientes para protegernos, y esa inversión la tiene que hacer el gobierno. Ellas solo invierten en hacer atractivas las pantallas y el gobierno paga el dinero para intentar, sin éxito, hacerlas seguras. Menudo negocio tienen las tecnológicas.

Y nosotros, como jóvenes concienciados y consumidores inteligentes, debemos estar informados y hacer oír nuestra voz para exigir un cambio. Juntos podemos hacer que las pantallas sean seguras para todos.

Los padres y los educadores

Ellos nos ayudan a decidir cuánto tiempo debemos pasar con las pantallas y qué cosas son buenas para ver o hacer. Por ejemplo, tus padres pueden decidir que:

- dos horas antes de ir a dormir no estés expuesto a pantallas;
- nunca toques una pantalla antes de ir al colegio;
- no hagas nada con la atención dividida, es decir, no comer con pantallas, no hacer los deberes con pantallas, no tener una conversación con pantallas y, especialmente, no hacer pantallas con pantallas;
- una pantalla nunca pueda entrar en tu habitación, bajo ningún concepto; tu habitación es tu santuario del pensar, del imaginar, del tener un momento para leer un libro y, especialmente, descanso.

Esto **lo hacen porque te quieren y porque saben qué es lo mejor para ti**, conocedores de que las pantallas pueden ser adictivas y afectar tu desarrollo. Además, tus padres son conscientes de que las empresas tecnológicas quieren que usemos sus pantallas cada vez más, sin pensar en nuestra seguridad, y eso implica que a veces lanzan productos sin comprobar que sean seguros para los niños.

Después de tus padres, vienen los educadores, como tus profesores, que **nos enseñan a usar las pantallas de manera inteligente**. Y eso significa que utilizan la tecnología como una herramienta suya para agilizar su trabajo, y que cuando acaban de usarla, se hacen responsables de custodiarla, porque comprenden que entraña muchos riesgos. También se hacen responsables y hacen responsables a la industria de las debilidades de sus productos. Así, si detectan que un menor accede a contenido inapropiado para él a través de una pantalla que se emplea como herramienta, devolverán todos los dispositivos a la industria por considerarlos poco seguros.

El profesor que crea que debe utilizar un dispositivo como herramienta tendrá que hacerse plenamente responsable de dicha herramienta, y de que esta sea segura. Especialmente sabiendo que, por el momento, **el aprendizaje en pantalla no se ha demostrado superior al aprendizaje en papel, y mucho menos si hablamos de conceptos como la comprensión lectora**.

Algunos profesores creen que las pantallas son útiles, pero como cualquier herramienta, hay que usarlas con cuidado. Por ejemplo, no utilizarías un cuchillo afilado sin saber cómo, ni conducirías un coche sin ser lo suficientemente maduro. Aunque sepas la teoría, puedes no tener todavía la destreza, la fuerza y el control para usarlo. Por eso son tus padres los que cocinan, porque las hornillas les quedan lejos de la cara; en cambio, si tú estás delante de la sartén y salta aceite, te alcanzará la cara con más facilidad. De la misma forma, debemos ser responsables con las pantallas. Pero **como tú eres menor de edad, el responsable tiene que ser el que las ponga en tus manos**.

Lamentablemente, a veces los adultos no toman las mejores decisiones sobre el uso de la tecnología. En lugar de limitar su uso en las escuelas, se han tomado medidas como recetar más gafas o acortar y simplificar los textos, incluso hacer más fáciles los exámenes, sin abordar los problemas reales que causan estas tecnologías. ¡No lo podemos permitir! Debemos ser ciudadanos, empresarios y políticos responsables.

EL MARKETING

«En un mundo cambiante no podemos tener la escuela de siempre».

LA REALIDAD

Lo que cambia la escuela es el modelo educativo, poner pantallas en las escuelas en ausencia de un modelo educativo no es cambiar la escuela. El enemigo del aprendizaje es la distracción, meter elementos distractores en la escuela y en los procesos de aprendizaje se parece más a desmontar la escuela.

¿Qué podemos hacer con lo que tenemos?

Las cosas están cambiando, y espero que este libro te esté ayudando a replantearte algunas. Si nos organizamos, los jóvenes y los adultos concienciados podemos hacer mucha presión para acelerar el cambio político y social. Sin embargo, las transformaciones estructurales son lentas, y tu cerebro no puede esperar. **Sabiendo que los adolescentes y las familias son solo una parte pequeña de los implicados en esta lucha, hay mucho que podemos hacer desde nuestra casa y nuestra escuela.**

Imagina que los móviles son como paraguas: muy útiles en días lluviosos, pero completamente innecesarios todos los demás días. En casa, tienes opciones como ordenadores, idealmente de torre y en un espacio común, que pueden hacer lo mismo que un móvil. Es similar a llevar un paraguas todo el tiempo, aunque no esté lloviendo.

En muchos hogares, la gente está siendo más cautelosa con el uso de pantallas. Por ejemplo, en tu casa, han limitado las pantallas a lo esencial para protegerte, un poco como poner una valla alrededor de un jardín para mantenerlo seguro.

Al tener solo un ordenador en un espacio compartido, tus padres pueden acompañarte mientras navegas por internet, y se aseguran de que no te encuentres con contenido inapropiado.

Las escuelas también están tomando medidas, algunas incluso prohibiendo los smartphones para evitar distracciones y problemas entre los niños. Esto ha hecho que muchos padres reflexionen sobre cómo las pantallas afectan a sus hijos y busquen maneras de protegerlos mejor.

En el ámbito educativo, hay un renovado interés por métodos de aprendizaje más tradicionales. Los colegios están promoviendo actividades como la lectura en libros físicos y la escritura a mano, para fortalecer habilidades básicas y alejarse de la dependencia tecnológica. Esta aproximación busca fomentar un aprendizaje más auténtico y personal, y evitar la tentación de recurrir a herramientas digitales para resolver tareas rápidamente. En definitiva, los colegios de todos se están pareciendo cada vez más a los colegios de los ricos, que son precisamente colegios libres de pantallas.

En el mundo laboral, se están haciendo cambios significativos para equilibrar la vida laboral y personal. Muchas empresas están implementando políticas como no enviar correos electrónicos fuera del horario de trabajo, con lo cual permiten que los padres desconecten del trabajo y pasen más tiempo de calidad en casa, sin la presión de estar siempre conectados. Además, se está fomentando el trabajo presencial en las oficinas. La idea es recuperar la vinculación humana perdida en el trabajo remoto, donde la comunicación se reduce a mensajes y correos electrónicos. **La interacción cara a cara es similar a jugar con amigos en persona, mucho más enriquecedora que la comunicación digital.**

Este movimiento hacia un equilibrio entre la tecnología y las interacciones humanas y los aprendizajes tradicionales refleja una conciencia creciente sobre la importancia de no depender completamente de las pantallas. Incluso en espacios altamente tecnológicos, hay un esfuerzo consciente por valorar y preservar las habilidades y experiencias que nos hacen humanos, y nos preparan para un futuro donde **tanto las competencias digitales como las personales sean valiosas**.

¡EMPIEZA YA!

Para empezar, voy a hacerte una pregunta: **¿crees que tus padres pasan demasiado tiempo conectados a una pantalla?**

Si la respuesta es sí, hazles saber tu opinión, y quizá así los ayudarás a tomar conciencia. Ya lo ves, los hijos también pueden ser parte activa de la educación de los padres.

Después de esta reflexión, podéis pensar juntos en poner medidas, para hacer que vuestra casa sea un lugar más seguro y enriquecedor para todos.

✓ **Observa el uso de la tecnología en tu entorno.** Identifica momentos en los que el uso de la tecnología no aporta valor a tu vida o incluso la perjudica.

- ✓ **Establece límites claros.** Implementa límites de tiempo y establece zonas libres de pantallas en tu hogar. Esto puede incluir reglas como no usar dispositivos durante las comidas o antes de dormir.
- ✓ **Enriquece tu vida sin pantallas.** Busca actividades que te enriquezcan y te desconecten del mundo digital. Esto puede ser leer un libro, practicar un deporte, realizar actividades artísticas o pasar tiempo en la naturaleza.
- ✓ **Educa y comparte.** Comparte lo que aprendes sobre el uso responsable de las pantallas con amigos y familiares. Educar a otros no solo refuerza tu propio compromiso, sino que también ayuda a crear una comunidad más consciente sobre el uso de la tecnología.

PARTE 2

7 RAZONES POR LAS QUE SIN PANTALLAS VIVIRÁS MEJOR

1

Las pantallas impactan sobre tu salud física

En esta segunda parte vamos a adentrarnos en profundidad en las siete razones por las que las pantallas son nocivas para tu desarrollo psicológico y físico. Porque sí, quizá no te lo imaginabas, pero además del cerebro, las pantallas pueden tener muchos efectos negativos en varias partes de tu cuerpo. Veamos algunos de ellos.

Dolor de espalda y problemas musculares

Si no estás sentado correctamente, tu espalda y cuello también pueden empezarte a doler. Y es que, cuando usamos un smartphone, normalmente tenemos que mirar hacia abajo. Esta forma de mirar hace que pongamos nuestra cabeza hacia adelante, lo que **puede no ser muy bueno para el cuello y la espalda**. Imagina que tu cabeza es como una pelota pesada; si la inclinas hacia adelante, todo el peso tira de tu cuello y de tu espalda. A la larga, esto causa dolor muscular y problemas posturales.

¿QUÉ DICE LA CIENCIA?

Si pasamos mucho tiempo usando smartphones y tablets, podemos tener el síndrome del cuello de texto, o *text neck* en inglés. Nos duele el cuello, la espalda, los hombros y a veces hasta la cabeza. Además, podemos tener problemas para dormir, y sentir hormigueo o como si se nos durmieran las manos. Si seguimos así por mucho tiempo, podemos incluso empezar a tener problemas más serios, como artritis antes de lo normal o que los discos de nuestra columna se desgasten.

Además, el tiempo que pasamos usando pantallas dejamos de movernos, y nuestro cuerpo necesita que nos mantengamos activos y que hagamos un poco de actividad física todos los días.

Fatiga visual y miopía

Ante las pantallas, tus ojos pueden cansarse mucho. ¿Alguna vez has sentido tus ojos secos, picazón o como si tuvieras arena después de usar mucho el móvil o la tablet? Eso es fatiga visual.

La vista sigue desarrollándose en tres dimensiones hasta aproximadamente los doce años, así que usar pantallas antes es malo para tus ojos. Hay muchos estudios científicos que relacionan de un modo directo y muy significativo el uso de pantallas con la miopía infantil.

Jugar afuera a la luz del día es muy importante para que nuestros ojos se mantengan sanos. Y no solo es bueno para los ojos, sino también para nuestro cuerpo y cómo nos sentimos por dentro.

Alteración del ritmo circadiano

Muchas pantallas, como las de los móviles, ordenadores o televisores, emiten un tipo de luz que se conoce como luz azul. Esta luz también la emite el sol, y tiene una característica especial: **informa de si es de día o de noche a nuestro reloj biológico interno**, conocido como ritmo circadiano. Este ritmo nos ayuda a saber cuándo es hora de dormir y cuándo de despertar.

MITOS DEL MARKETING

Algunas empresas venden filtros para pantallas o gafas especiales diciendo que nos protegerán de la luz azul. Pero la realidad es que nuestros ojos ya tienen algo llamado **cristalino**, que es una parte del ojo que ayuda a filtrar la luz azul. Así que lo mejor para evitar esta luz no es pagar más por un filtro de luz azul, sino simplemente no usar las pantallas por la noche.

Insomnio y fatiga emocional

Alterar el ritmo circadiano puede causar insomnio y fatiga emocional. Cuando miramos pantallas que emiten luz azul, especialmente por la noche, eso puede **limitar la producción de melatonina**, una hormona que produce nuestro cerebro en la glándula pineal. Esta hormona es muy importante para que podamos dormir bien, ya que nos ayuda a sentir sueño. Como resultado, puede costarnos más trabajo quedarnos dormidos y afectar la calidad de nuestro descanso. **Si no duermes bien, tu cuerpo y tu cerebro pueden tener problemas para hacer bien su trabajo.**

¿QUÉ DICE LA CIENCIA?

Si no descansas bien, es posible que crezcas menos de lo que deberías, o que aumentes de peso más de lo saludable. Esto se debe a que el sueño ayuda a controlar las cosas en tu cuerpo que manejan el azúcar y la energía. Por eso, si no duermes bien, al día siguiente podrías sentir mucha necesidad de comer cosas dulces.

Además, no dormir bien puede aumentar el riesgo de tener diabetes, que es cuando tu cuerpo tiene problemas con el azúcar en la sangre. También puede hacer que tu sistema inmunológico, que es como un equipo de superhéroes que lucha contra los gérmenes y mantiene tu cuerpo sano, no funcione tan bien. Esto significa que podrías enfermarte más fácilmente.

No dormir lo suficiente también puede afectar tu corazón y aumentar el riesgo de problemas en el cerebro, como dificultades de memoria. Incluso puede hacer que tu cuerpo tenga trabas para deshacerse de cosas malas, como unas proteínas llamadas beta-amiloides, que, si se acumulan demasiado, pueden causar problemas en el cerebro.

Dormir bien te ayuda a crecer, a mantenerte sano, a aprender mejor en la escuela y a sentirte feliz y con energía durante el día. Piensa en el sueño como en una recarga superpoderosa que tu cuerpo y tu cerebro necesitan para ser increíbles cada día.

Alimentación

Las pantallas también afectan la alimentación. Cuando comemos frente a una pantalla, no prestamos atención a lo que comemos ni a cómo lo hacemos. Esto puede llevar a comer en exceso, porque ignoramos las señales de saciedad, y **nos impide aprender a disfrutar de los sabores y texturas de los alimentos**.

Además, la interacción con nuestra familia o amigos durante las comidas es muy importante, porque nos ayuda a desarrollar relaciones. Cuando nos centramos en una pantalla mientras comemos, perdemos esta valiosa oportunidad de conexión y aprendizaje.

MITOS DEL MARKETING

Los mensajes que vemos en las pantallas, como en Instagram, en los videojuegos o en la publicidad, pueden hacernos sentir mal con nuestro cuerpo, y pueden afectar gravemente tu **autoimagen** y tu aceptación corporal.

Por ejemplo, hay una enfermedad llamada **anorexia** que puede empezar cuando alguien ve muchas imágenes que dicen que ser muy delgado es lo mejor. Esto no es cierto y puede ser muy peligroso. Cuando los niños y jóvenes ven muchas de estas imágenes, pueden empezar a querer ser demasiado delgados, lo cual no es saludable. Además, muchos de los contenidos que hay en redes aconsejan hábitos de alimentación nada saludables.

Todos somos diferentes y eso está bien. No hagas caso a lo que digan las modas y las normas: su único propósito es hacernos sentir insatisfechos para que compremos productos nuevos constantemente.

EN RESUMEN, ASÍ ES CÓMO LAS PANTALLAS IMPACTAN SOBRE TU SALUD FÍSICA

- ✗ Tus ojos se cansan y ven peor.
- ✗ Se deteriora la calidad de tu sueño y te puedes sentir más cansado.
- ✗ Se te pueden atrofiar los músculos y huesos.
- ✗ Puedes desarrollar problemas de autoimagen e insatisfacción corporal.
- ✗ Puedes aprender malos hábitos de alimentación y salud.

¿QUÉ ES LO QUE TU CEREBRO NECESITA EN REALIDAD?

Tu cerebro es como un superhéroe que siempre está aprendiendo y creciendo, pero necesita tu ayuda. ¿Cómo? ¡Muy fácil!

- ✓ **Moverse mucho.** Tu cuerpo y tus huesos necesitan que hagas deporte cada día y que te mantengas activo.
- ✓ **Mirar el mundo real.** La luz del mundo real es la que debe enseñar a tu cerebro cuándo estar despierto y cuándo dormido.
- ✓ **Dormir bien.** Después de un día intenso, un buen descanso es como cargar las baterías de tu cerebro para el día siguiente.
- ✓ **Buenos hábitos alimentarios.** Comer bien, variado y sin dejarte influenciar por tendencias y presiones estéticas es clave en esta etapa.

¿QUÉ PUEDES HACER?

→ **Realiza actividades al aire libre como jugar al fútbol, bailar o montar en bici.** Como te guste más, ¡pero haz deporte! Además de saludable, es una buenísima ocasión para conectar con tus amigos o pasarlo bien contigo mismo.

→ **Cuando estés estudiando o haciendo cualquier actividad sentado, usa un temporizador para recordarte hacer pausas y moverte cada cuarenta y cinco minutos.** Estar mucho tiempo sentado o en la misma postura no es bueno para la salud de tu cuerpo.

→ **Come en familia y comparte con ellos cómo te ha ido el día.** Porque comer no solo sirve para alimentarse, sino también para socializar y estar más cerca de las personas que quieres.

→ **Aprovecha el tiempo antes de ir a dormir para hacer una actividad que te tranquilice, como leer, escribir o dibujar.** Así asegurarás un buen descanso.

2

Las pantallas limitan tu neurodesarrollo

Imagínate que tu cerebro es como una gran ciudad con muchas calles. Cada vez que aprendes algo nuevo, se construye una calle. Con las pantallas, algunas de estas calles se están haciendo más grandes y otras, que no usamos tanto, se están quedando pequeñas.

¿QUÉ DICE LA CIENCIA?

El aprendizaje cambia la forma del cerebro de una manera similar a como el deporte altera la forma de los músculos. Mirar demasiado las pantallas puede hacer que algunas partes de tu cerebro se vuelvan un poquito más pequeñas.

Lo preocupante de que estas partes del cerebro se hagan más pequeñas es que están relacionadas con pensar antes de actuar. Si estas partes no son tan fuertes, podrías empezar a hacer cosas sin pensar, de manera impulsiva, como decir algo sin medir las palabras o tomar decisiones sin considerar si son buenas o malas. **Que algunas partes del cerebro cambien un poco de tamaño en realidad es importante porque afecta cómo piensas y actúas.**

Montar en bicicleta, por ejemplo, es un reto que necesita la colaboración de muchos sentidos:

- el equilibrio, que está en el oído interno;
- la visión, para no chocar y evitar obstáculos corrigiendo la trayectoria;
- la armonía de músculos: todos tienen que ir activándose;

- el tacto, que nos da información de la fuerza con que tenemos que coger el manillar, con qué mano apretar más dependiendo de lo que nos diga el equilibrio.

Si tuviéramos que pensar todos los pasos que tenemos que hacer, sería un lío. Es fantástico que nuestro cuerpo haga tantas cosas él solito. Todo ese trabajo que le estás pidiendo al cerebro él lo va incorporando, lo va programando; por eso, no tienes que desesperar con el proceso de aprendizaje: tu cerebro necesita práctica para ir modificándose, y esa práctica lleva un tiempo. **El cerebro cambia sobre todo con los nuevos retos que practicamos muchas veces.**

Nuestro cerebro se adapta y cambia con cada nueva experiencia, como si fuera una masa de plastilina que puede moldearse según lo que se viva. Cuando eres pequeño, esta masa es muy suave y puedes moldearla de muchas formas diferentes. Eso es lo que llamamos plasticidad cerebral. Significa que nuestro cerebro tiene la habilidad de cambiar y adaptarse. Por ejemplo, cuando aprendes algo nuevo, como montar en bicicleta o hablar un idioma diferente, estás moldeando esa plastilina, creando nuevas formas en tu cerebro.

La plasticidad es muy importante porque nos permite aprender cosas nuevas durante toda nuestra vida. Esto es genial porque significa que nunca es tarde para aprender nuevos conocimientos o habilidades. Así que, cada vez que aprendes algo, estás usando la plasticidad de tu cerebro para ser una versión mejor de ti mismo.

Pero, cuidado: la plasticidad cerebral no significa que cualquier cosa que haga un niño automáticamente lo hará más inteligente.

MITOS DEL MARKETING

Alguien muy avispado y con muchas ganas de hacer dinero pensó: «Si los cerebros de los niños son como plastilina y pueden aprender mucho, ¿por qué no vendemos productos para ayudar a los niños a ser más inteligentes?». Y así se inventaron «Baby Einstein» y productos similares: empezaron a vender DVD, libros y juguetes que prometían hacer a los niños más listos solo por usarlos. Pero la verdad es que no hay evidencia científica sólida que demuestre que estos productos realmente hacen a los niños más inteligentes.

Los científicos han estudiado estos productos y han encontrado que no son más efectivos para hacer a los niños más inteligentes que otras actividades normales. Así que, aunque la idea de «Baby Einstein» suena bien, la mejor manera de usar la plasticidad cerebral de los niños es a través de juegos, exploración y aprendizaje en el mundo real.

Aunque nos hayan hecho creer que las pantallas nos hacen más listos porque podemos buscar información rápidamente o jugar a juegos que nos retan, pueden hacer que no seamos tan listos como podríamos ser, porque **tu cerebro se acostumbra a recibir información muy rápido y sin esforzarse mucho**.

¿QUÉ DICE LA CIENCIA?

Cuando un niño tiene la oportunidad de aburrirse y usar su imaginación, puede inventar todo tipo de cosas maravillosas. **Las ideas de bombero son realmente muestras de creatividad.** Significa que está pensando en cosas locas e interesantes que a otras personas ni siquiera se les ocurrirían. Puede convertir un palo en una espada, puede convertirse en profesor y enseñar a sus muñecos, y eso muestra la habilidad de los niños para cuidar y ser socialmente responsables. Primero cuidas de tus muñecos, luego cuidas de ti mismo y finalmente, en la vida real, aprenderás a cuidar de otros. Es un proceso importante para tu desarrollo como persona. **El juego simbólico es un entrenamiento para la vida real**, con el que los niños aprenden a ser creativos, resolver problemas y a cuidar de sí mismos y de los demás. ¿Qué pasa con el juego simbólico cuando hay pantallas? Que desaparece, y con él también lo hace una herramienta valiosísima para la maduración.

Tener pantallas a tu disposición puede hacer que dediques menos tiempo a hacer cosas importantes como leer un libro o prestar atención en clase, que son actividades que realmente ayudan a tu cerebro a crecer y a ser más fuerte. Leer, por ejemplo, mejora tu vocabulario, desarrolla tu imaginación y tu conocimiento, y amplía tu visión del mundo. Las artes, como dibujar o hacer manualidades, potencian tu creatividad y habilidades manuales. Estas son las cosas que verdaderamente hacen que tu cerebro crezca sano.

¿QUÉ DICE LA CIENCIA?

Relacionarte con el mundo es el principal nutriente de los cambios en tu cerebro. Cuando juegas, inventas o exploras, estás usando algo que se llama praxis, la capacidad de planificar y ejecutar acciones y tareas. Cuando tu cerebro piensa en una idea, primero la imagina (ideación), luego planea para construirla (planificación) y, finalmente, la llevas a cabo (ejecución). Por ejemplo, si decides construir una torre con bloques, primero piensas cómo será, luego planeas qué bloques usarás y en qué orden y, finalmente, construyes la torre. A base de ensayo y error vas mejorando tu praxis: la primera torre siempre se cae, no te preocupes, ese primer error es el primer paso del acierto. ¿Qué pasa con la praxis cuando hay pantallas? Que dejas de practicar esta habilidad.

Los niños aprenden muchas cosas durante los primeros años de vida explorando y relacionándose con el mundo por sí mismos. Los padres solo necesitan asegurarse de proporcionar un entorno propicio y seguro, lleno de oportunidades para explorar.

¿QUÉ DICE LA CIENCIA?

La relación de los niños con los adultos es crucial para aprender. Los niños necesitan la atención, el ánimo y el ejemplo de los adultos para desarrollarse adecuadamente. Cuando un adulto interactúa con un niño, le está mostrando el mundo y ayudándole a entenderlo.

Esta interacción es como un baile en el que ambos, adulto y niño, se guían mutuamente en el aprendizaje. Pero **si los adultos están también absorbidos por sus propias pantallas, pierden la oportunidad de guiar y animar a los niños en sus descubrimientos.**

Es importante vivir las experiencias del mundo real, no las de las pantallas, que solo son simplificaciones.

EN RESUMEN, ASÍ ES CÓMO LAS PANTALLAS LIMITAN TU NEURODESARROLLO

- ✗ **Menos plasticidad cerebral.** En la infancia y la preadolescencia, es importante alimentar tu cerebro con estímulos que este pueda digerir y con mucha praxis, que da propósito a los sentidos. Las pantallas solo son una copia simplificada del mundo real.
- ✗ **Menos madurez.** Al dejar de lado el juego simbólico y la praxis, se resiente el entrenamiento que suponen para la vida adulta.
- ✗ **Menos creatividad.** Cuando ves algo en una pantalla, a veces no necesitas imaginar o crear, porque ya está todo hecho. Si privas a tu cerebro de hacer esas cosas, entonces no crecerá correctamente.
- ✗ **Más impulsividad.** Al empobrecer algunos músculos de nuestro cerebro, se ve afectada la capacidad de pensar antes de actuar.

¿QUÉ ES LO QUE TU CEREBRO NECESITA EN REALIDAD?

✓ **Jugar al aire libre.** Ir al parque, construir un fuerte o inventar un juego nuevo son maneras geniales de aprender. El límite lo pone tu imaginación.

✓ **Hacer cosas con tus manos.** Dibujar, construir con bloques, cocinar con tu familia o plantar una flor son actividades que hacen que tu cerebro crezca mejor.

✔ **Comprender la vida real.** Hablar con tu familia, visitar lugares nuevos o ayudar en casa te enseñan más de lo que crees.

✔ **Aprender haciendo.** Tocar, sentir y mover cosas te ayuda a entender mejor el mundo. Las pantallas no pueden darte esa experiencia.

✔ **Paciencia y práctica.** Paciencia porque el cerebro necesita modificarse poco a poco y práctica porque no es lo mismo saber cómo se hace algo que saber hacerlo, y para pasar de «cómo se hace algo» a «saber hacerlo», hay que practicarlo.

¿QUÉ PUEDES HACER?

→ **Aprende de manera práctica.** Hacer experimentos científicos caseros o colaborar en las tareas de casa te permite aprender mucho.

→ **Juega y diviértete.** El juego y la diversión dan ganas de seguir practicando, así que aprenderás más.

→ **Comprométete con el aprendizaje.** A veces la diversión no basta, y entonces hay que contar con el compromiso: practicas porque sabes que cuando aprendas te divertirás mucho. Ir en bicicleta mola, pero ¿a quién le gusta el proceso de aprender, con todas las caídas que conlleva?

3

Las pantallas interrumpen tu atención

La capacidad de prestar atención es una de las que se ven más afectadas por el uso de las pantallas, porque a menudo tienen muchos colores brillantes, sonidos y movimientos rápidos. Esta **sobreestimulación hace que tu cerebro se acostumbre a prestar atención por solo un corto tiempo**. Esto puede dificultar la concentración en las tareas escolares o en una conversación larga.

Cuando hacemos muchas cosas a la vez en los dispositivos digitales, como chatear mientras vemos un vídeo, parece que somos superrápidos y eficientes. Pero en realidad, esto hace que **nuestra atención se divida en pedacitos, como un rompecabezas**, lo que significa que nos cuesta más trabajo concentrarnos en una sola cosa y la hacemos peor.

MITOS DEL MARKETING

La cultura de la hiperproductividad nos incita a hacer el máximo de cosas con el mínimo tiempo y a estar siempre activos y conectados. Nos han vendido la **multitarea**, o *multitasking* en inglés, como algo muy útil para mejorar nuestra eficiencia.

Sin embargo, la ciencia ha comprobado que realizar varias cosas a la vez, como hacer los deberes del colegio, escuchar música y responder mensajes, no nos ayuda precisamente a mejorar ninguno de nuestros resultados.

La multitarea **no te ayuda a concentrarte, ni a ser más rápido, y está probado que vas a cometer más errores.**

En realidad, ser capaz de concentrarte en una sola cosa es superimportante y muy útil. **Cuando pones toda tu atención en lo que estás haciendo, sin dejar que otras cosas te distraigan, tu cerebro trabaja mejor.**

MITOS DEL MARKETING

Aunque parezca chulo hacer muchas cosas a la vez, **lo realmente impresionante es poder concentrarte en una sola cosa bien hecha.** Mucha gente, cuando consigue concentrarse en una sola cosa, siente que fluye, y eso le hace feliz.

La concentración plena en una única actividad es una habilidad que puedes aprender y que vale mucho la pena. Nuestro cerebro es como un músculo que se pone más fuerte cuando lo ejercitamos bien. Todo lo que haces afecta tu cerebro, por eso es bueno pensar bien cómo quieres usar tu tiempo y qué habilidades pretendes mejorar.

La fugacidad con la que pasan las cosas a través de una pantalla acostumbra al cerebro a una velocidad de procesamiento que no es natural, y esto genera frustración y problemas para lidiar con la paciencia. Además, impide modificar el cerebro de forma efectiva, porque son estímulos que generan muchas calles y convierten el cerebro en un laberinto, en lugar de hacer carreteras anchas que nos permitan ver el camino, encontrar el sentido.

Asimismo, el bombardeo de estímulos hace que nos cueste más trabajo procesar información compleja. Imagina que tu cerebro es un ordenador: si tiene muchas ventanas abiertas al mismo tiempo, puede empezar a funcionar más lento. Así nos pasa a nosotros también.

Por otro lado, el constante ir y venir de información y cosas llamativas en las pantallas también **afecta a cómo recordamos las cosas y entorpece nuestra memoria**.

A veces, después de pasar mucho tiempo frente a una pantalla, podemos sentirnos como si nuestro cerebro estuviera cansado o embotado, como si necesitara un descanso.

A parte de la capacidad de prestar atención, de procesar información compleja y de recordar, **las pantallas alteran el funcionamiento natural de nuestras hormonas**, con múltiples efectos en el cerebro.

¿QUÉ DICE LA CIENCIA?

Un chute adictivo de dopamina

En nuestro cerebro hay un neurotransmisor, la dopamina, que es como una chispa de felicidad que sentimos cuando hacemos algo que nos gusta mucho. Cada vez que vemos algo nuevo o conseguimos pasar de nivel en un juego, nuestro cerebro suelta un poquito de esa chispa, lo que nos hace sentir muy bien. Esto altera mucho nuestro **sistema de recompensa**, que nos permite sentir deseo, placer y gratificación.

Si a ello le sumamos la **cultura del *like*** y nos habituamos a compartir contenido con la esperanza de recibir muchísimas reacciones en forma de corazones y comentarios de aprobación, nuestro sistema de recompensa te puedes imaginar que se comportará de una manera muy parecida a una montaña rusa. En la vida real no interactuamos constantemente esperando que los demás nos aplaudan, ¿verdad?

Cuando pasamos mucho tiempo con las pantallas, **nuestro cerebro se acostumbra a esas chispitas de felicidad y quiere más y más**. Es como cuando comes tu golosina favorita y no puedes parar. Genera adicción, y puede hacer que prefiramos estar con las pantallas en vez de jugar afuera o hablar con nuestra familia.

Además de generar adicción, la liberación de dopamina asociada con el uso de pantallas, especialmente en las redes sociales, está relacionada con **síntomas de depresión** en adolescentes y otros aspectos del bienestar psicológico.

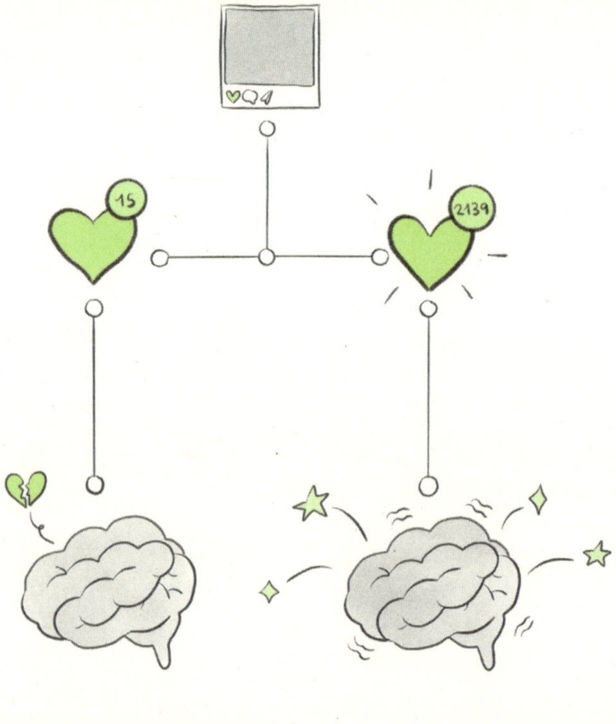

La adicción no es una consecuencia casual del uso de las pantallas, sino que estas han sido diseñadas precisamente con este objetivo. **Cuanto más tiempo se pasa con ellas, más adicción nos crean.** Lo que debemos hacer para contrarrestar ese efecto es pasar tiempo disfrutando de otras cosas que nos hacen felices sin pantallas, para que nuestro cerebro se tome un descanso.

EL MARKETING	LA REALIDAD
«Con el acelerador de vídeo los jóvenes han ganado años de vida».	El acelerador permite consumir más contenidos, de modo que la empresa optimiza el tiempo que una persona está delante de una pantalla, y consigue más ingresos. La persona que está delante de esa pantalla sigue perdiendo o regalando su tiempo, es decir, su vida.

EN RESUMEN, ASÍ ES CÓMO LAS PANTALLAS INTERRUMPEN TU ATENCIÓN

- ✗ **Te cuesta más concentrarte en hacer una sola cosa bien hecha.** Por lo tanto, inviertes más tiempo y tienes peores resultados.
- ✗ **Te aburres y pierdes la paciencia con más facilidad.** Tu cerebro está acostumbrado a un ritmo frenético.
- ✗ **Te cuesta más procesar información compleja.** Tu organización cerebral se ha convertido en un laberinto.
- ✗ **Se atrofian tus capacidades cognitivas.** Te cuesta más pensar, comprender y recordar.
- ✗ **Puedes volverte adicto a los estímulos de las pantallas.** Tu cerebro quiere cada vez más dopamina.
- ✗ **Pierdes la capacidad de fluir.** Quién sabe si así pierdes una oportunidad de disfrutar de algunos momentos de felicidad plena.

¿QUÉ ES LO QUE TU CEREBRO NECESITA EN REALIDAD?

✓ **Ir paso a paso.** Termina una tarea antes de empezar la siguiente. Necesitas ser organizado para que tu cerebro funcione bien.

✓ **Tiempo sin distracciones.** Hacer una tarea o leer un libro sin recibir estímulos externos te permite concentrarte mucho mejor.

✔ **Momentos de descanso.** El aburrimiento es necesario para tu cerebro, y es un gran generador de ideas que se desperdician cuando estás constantemente ocupado.

✔ **Estabilidad intelectual, física y emocional.** La dopamina es muy importante para el bienestar psicológico, pero debe ser liberada de manera natural.

✔ **Esfuerzos adaptados a tus capacidades.** Al cerebro le encantan los retos, y la recompensa por haber conseguido algo costoso, como terminar un libro bastante largo, es mucho más gratificante que la de dejarse llevar por un algoritmo.

¿QUÉ PUEDES HACER?

→ **Explora el mundo real.** Salir a la naturaleza, visitar un museo o simplemente jugar en un parque te ayuda a descubrir muchas cosas interesantes. No necesitas las luces ni las músicas de las pantallas, porque te desconcentran de las cosas bonitas de verdad.

→ **Aprovecha los momentos de espera para pensar.** Esperar el autobús o a que se caliente la leche o viajar en coche son oportunidades perfectas para reconectar con uno mismo, dejar volar tu imaginación o acordarte de tareas pendientes. Puedes llevar siempre una libreta contigo para tomar nota de todas las ocurrencias que te vengan en esos momentos inesperados.

→ **Practica la concentración plena.** Cuando hagas una tarea, fíjate en lo que requiere la tarea, olvídate de ti, fluye con lo que haces. Si estás dibujando, dibuja; no interrumpas el dibujar pensando cómo te sientes mientras dibujas. Solo cuando la hayas acabado, reflexiona sobre cómo te sentías en ese momento.

→ **Disfruta de momentos para estar tranquilo o en silencio.** Es importante relajarse, dejar de hacer cosas sin parar, porque tu cerebro también necesita dejar de pensar de vez en cuando. Estas situaciones en ocasiones no hace falta buscarlas, pero si te encuentras en una de ellas, tranquilo, recuerda que tienes el mejor entretenimiento encima de tus hombros.

4

Las pantallas afectan tus emociones

Las pantallas son máquinas que alteran muchísimo nuestras emociones, y están diseñadas con esta intención. Las pantallas nos enseñan un montón de cosas que pueden alterar nuestro estado de ánimo constantemente. Cuanto más tiempo pasamos con las pantallas, más complicado suele hacerse entender cómo nos sentimos, y eso puede hacer que perdamos el control de nuestras emociones.

Las pantallas ponen en peligro nuestra regulación emocional. La regulación emocional es nuestro equilibrio interno, es como hacer malabares con tus sentimientos y pensamientos. Implica mantener un nivel adecuado de atención y alerta, ni demasiado distraído ni excesivamente

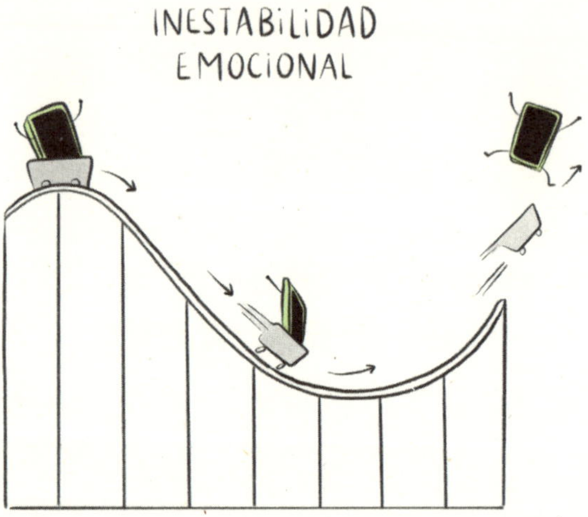

ansioso. Para disfrutar del bienestar psicológico, es esencial poder concentrarte en lo que estás haciendo, ajustar tus emociones a la situación y actuar con un propósito claro. Por ejemplo, si te sientes triste por algo, está bien mostrar esa tristeza, siempre con medida.

¿QUÉ DICE LA CIENCIA?

El juego libre, por ejemplo, tiene una gran influencia en la regulación emocional de los niños. Está probado que jugar sin pantallas ayuda a los niños a desarrollar habilidades vitales como tomar decisiones y resolver conflictos. Además, los espacios de recreo favorecen la interacción social, donde ocurre el verdadero aprendizaje social.

Cuando estamos acostumbrados a recurrir constantemente a un dispositivo móvil o un ordenador, abocamos en él todos nuestros estados de ánimo. Imagina que estás muy enfadado por una discusión que has tenido con tus padres. Lo más sencillo sería coger el móvil, ponerte a jugar o pasearte por las redes sociales, sumergirte en la vorágine de dopamina que eso libera en tu cerebro y dejar que el móvil decida cómo te sentirás a continuación.

Al cabo de un rato, al levantar la cabeza del móvil, probablemente ya no estarías tan enfadado con tus padres, quizá ni te acordarías de por qué habíais discutido, y, en cambio, de repente te sentirías eufórico, porque habrías invertido toda la rabia de la discusión en cargarte a todos tus enemigos de un juego. Muy bien, acabas de ganar tres partidas seguidas y has pasado de nivel, y encima ya no estás enfadado con tus padres. Suena genial, pero qué pena que nada de eso fuera fruto de entrenar tus propios recursos de regulación emocional, de tu reflexión personal, tu propia decisión o el resultado de una conversación profunda para lograr que tus padres y tú os comprendáis mutuamente y os podáis volver a reconfortar. **Tu móvil estaría dominando tu cerebro y tus emociones. ¿Qué sentido tiene vivir así? ¿De verdad queremos poner las riendas de nuestra vida en manos de un dispositivo?**

Abusar de la distracción es impedir que tú desarrolles tus propios mecanismos de regulación. Los ejercicios de distracción que suelen recomendar los psicólogos son cosas como salir a caminar, escuchar música, incluso darte una ducha fría; son estrategias de distracción menos potentes que las pantallas, que dejan margen a un poco de esfuerzo por tu parte, así que te dan una oportunidad de aprendizaje. **Evadirse continuamente de los problemas, refugiarse en una pantalla, no elimina los problemas y, además, nos hace menos capaces para enfrentarlos**, nos roba las oportunidades de desarrollar nuestros propios recursos en este sentido.

Al contrario de lo que puedan parecer, las pantallas son falsas amigas para desahogar nuestras emociones. Un enfado es una oportunidad para practicar cómo calmarte. **Aprenderás a sentirte mejor después de estar enfadado, en vez de solo distraerte con una pantalla.** Cuando un adulto te ayuda a calmarte y a entender tus emociones, es mucho mejor que si solo te dan una pantalla para que te olvides del enfado. Al eliminar las pantallas de nuestra vida, entenderemos mucho mejor nuestras emociones y nos será más sencillo concentrarnos en lo importante.

La regulación emocional también se ve afectada por los contenidos que consumimos, por dos vías: por comparación y por la necesidad de reconocimiento social de las personas, exacerbada en la adolescencia.

MITOS DEL MARKETING

El reconocimiento social sirve para transmitir a las personas los valores de la sociedad: si una comunidad valora la bondad, nuestra necesidad de reconocimiento nos lleva a comportarnos de forma más bondadosa. Las redes se aprovechan de esa necesidad de reconocimiento y le quitan el sentido: generan una necesidad tan intensa de reconocimiento que dejan de ser un medio para conseguir amigos, como nos venden, y se convierten en un fin. Con tal de obtener *likes*, puedes dejar de lado a tus amigos.

Esa necesidad de *likes* constantes nos entierra en la dependencia del reconocimiento del otro. Más *likes* nos generan dependencia de más *likes*, **acabamos modificando nuestra forma de ser y de actuar con tal de conseguirlos**, dejamos de ser nosotros mismos para convertirnos en lo que los otros piden que seamos con sus *likes*.

La solución no es saciar esa necesidad de reconocimiento exagerada, sino ir liberándonos de ella.

La comparativa constante nos frustra, la necesidad de reconocimiento incesante nos esclaviza; las dos juntas atentan contra el bienestar de las personas, sobre todo en el caso de los adolescentes, más sensibles a la comparación y al reconocimiento. Una dosis moderada de comparación y de necesidad de reconocimiento nos ayuda a vivir mejor.

En internet, la gente solo muestra la mejor parte de su vida. No enseña cuando está triste o frustrada. O cuando se queda en su casa porque no puede permitirse irse de vacaciones. Compararnos con las personas que vemos a través de una pantalla es peligroso porque, inevitablemente, vamos a pensar que nuestras vidas son mucho peores que esas. Pero no es así. Las vidas de los demás son como las nuestras. Y para descubrirlo, debemos hacerlo sin que haya una pantalla de por medio.

MITOS DEL MARKETING

Las redes sociales están pensadas para ser adictivas e incitar al consumo. Cuando vemos esas vidas «perfectas» en las redes sociales, a veces pensamos que nuestra vida no es tan buena a su lado. Empezamos a sentir que nuestra existencia es un poco triste o complicada, en comparación con lo que vemos en las pantallas.

Esto es algo que les pasa a muchas personas, pero es más común en adolescentes de catorce a dieciocho años y en adultos jóvenes de dieciocho a treinta años, que son los que pasan más tiempo en las redes sociales. Las redes sociales hacen que sea muy fácil compararnos con otras personas, no solo con quienes conocemos en la vida real, sino también con personas que tienen más dinero, viajan más, comen en lugares caros o tienen cosas costosas.

Y aquí viene la parte importante: **cuanto más tiempo pasamos en las redes sociales, más fuerte puede ser este sentimiento de comparación**. Esto puede causar **estrés**, **ansiedad** y, en algunas personas, incluso **depresión**, especialmente si ya tenemos problemas con nuestra autoestima, es decir, si no nos sentimos muy bien con nosotros mismos.

EL MARKETING	LA REALIDAD
«Mejora tu salud digital».	Cuando hablamos de la infancia y la adolescencia, decir «salud digital» es un oxímoron: son términos que se excluyen entre sí.

EN RESUMEN, ASÍ ES CÓMO LAS PANTALLAS AFECTAN TUS EMOCIONES

- ✗ **Puedes sentirte abrumado.** Las pantallas muestran muchas cosas a la vez, y eso puede hacerte sentir extraño y confundido.
- ✗ **Tus emociones cambian con facilidad.** Los estímulos que recibes alteran tu estado de ánimo sin que te des ni cuenta. ¡Esto no es natural ni bueno!
- ✗ **Pierdes capacidad de regular tus emociones y vives en modo automático.** Cuando te dejas llevar por las pantallas, no eres tú quien observa, procesa y actúa para mejorar tu bienestar, sino que dejas tu vida en manos de los algoritmos.
- ✗ **Tienes una idea equivocada de los demás.** Lo que la gente decide compartir en internet es una parte muy pequeña de su vida. Las redes muestran una vida idílica, son tramposas, y eso puede impactar en tus emociones y en tu autoestima.
- ✗ **Interfieren en algunos aspectos de tu proceso madurativo.** Una parte de madurar es liberarse del exceso de la presión social y propia, es decir, es aceptarse más y compararse menos.

¿QUÉ ES LO QUE TU CEREBRO NECESITA EN REALIDAD?

✓ **Tiempo para procesar las emociones.** Cada emoción tiene su función, y tu cerebro necesita un tiempo para identificarlas y procesarlas.

✓ **Aprender a regular tus emociones.** A lo largo del día puedes sentir muchas emociones distintas, y es muy importante que aprendas a lidiar con ellas; algunas hay que ignorarlas y otras hay que afrontarlas. Las emociones son solo información, a veces útil y otras no tanto, pero no existen las emociones malas y buenas. Todo lo que te inquieta o te altera te hace más difícil la regulación.

Cuidar tu cerebro para que pueda cuidarte. Dale lo que necesita: dormir bien, comer bien, hacer actividad física, curar las dolencias físicas, evitar cosas que te alteren en exceso o de forma artificial, no ver contenidos violentos o demasiado rápidos. Y él te ayudará muchísimo a regular tus emociones.

Hablar con otros. Compartir cómo te sientes con tu familia o amigos te ayuda a sentirte mejor y a entender a los demás, incluso a generar pensamientos nuevos y a cambiar puntos de vista.

Tener una percepción realista de la vida. La vida sucede en el mundo real, y eso es lo que tu cerebro debe tomar como referencia para ubicarse y conformar tu autoconcepto.

¿QUÉ PUEDES HACER?

- **Pasa tiempo contigo mismo.** Hacer actividades como dibujar, escribir o simplemente pensar te ayuda a entender tus emociones.
- **Escribe un diario.** Dedicar unos minutos al día, o siempre que te apetezca, a escribir cómo te sientes y desarrollar reflexiones es una herramienta buenísima para la regulación emocional y el autoconocimiento. Seguro que dentro de unos años te hará muchísima ilusión releerlo.
- **Lee libros.** Si eres capaz de ponerte en la piel de otras personas y personajes, también podrás entenderte mejor a ti mismo. Aprenderás cómo otros solucionan problemas o retos que se encuentran en la vida de formas muy creativas. Ver a gente o escuchar historias de gente que sale de situaciones difíciles, como los libros de aventuras, es muy inspirador.
- **Habla mucho.** Compartir lo que piensas, lo que sientes, lo que te gusta, lo que quieres, lo que haces, lo que imaginas a amigos y familiares de confianza es de las mejores cosas que puedes hacer para sentirte bien contigo mismo. Es posible que al expresar lo que sientes, por muy extraño o complejo que te parezca, descubras que a los demás les pasan cosas similares.

5

Las pantallas entorpecen tu comunicación

Solemos ver las pantallas como una herramienta de comunicación increíble: nos permiten comunicarnos instantáneamente con cualquier persona en cualquier parte del mundo, gratis, de inmediato y sin hacer ningún tipo de esfuerzo. Nos facilitan conocer mejor la intimidad de las personas de nuestro entorno y, al mismo tiempo, conocer a millones de desconocidos, con los que no compartimos ni siquiera el mismo alfabeto. Nos posibilitan encontrar gente afín a nosotros gracias a algoritmos mágicos, sin los cuales parece que andaríamos perdidísimos. Pero deja que te cuente la cara B de este engaño que nos ha vendido el marketing, porque

a pesar de tenernos hipercomunicados, las pantallas han empeorado muchísimo la calidad de nuestras relaciones.

En muchas familias con adolescentes, los hijos hablan poco y los padres creen que es normal por la edad; en parte, tienen algo de razón. Sin embargo, cuando una familia corta el acceso de los adolescentes a las pantallas, se comprueba que hablar poco no es una característica intrínseca de los adolescentes. Al quitar pantallas, lo primero que suele ocurrir es que los chavales se enfadan muchísimo, pero después de un tiempo, **tanto adultos como hijos notan que empiezan a hablar más y de cosas más importantes**. Los niños, que solían pasar mucho tiempo en silencio frente a una pantalla, comienzan a participar más en las conversaciones familiares. Esto demuestra que, aunque al principio pueda haber resistencia, quitar las pantallas de la ecuación fortalece la comunicación y las relaciones dentro de la familia.

EL MARKETING

«Si les retiras las pantallas, tus hijos dejarán de hablarte».

LA REALIDAD

Los hijos dejan de hablar con los padres precisamente cuando tienen un teléfono. Nunca es tarde para liberar a los hijos de las pantallas para que recuperen su vida. Dar a sus hijos por perdidos por temor a perderlos es uno de los mayores errores que pueden cometer unos padres. Que se enfurezcan o se angustien cuando se quedan sin teléfono es el mejor indicador de la importancia de retirarlo.

¿QUÉ DICE LA CIENCIA?

Hablar es compartir lo que pensamos, lo que sentimos y lo que vivimos. Pero hablar también ayuda a construir pensamientos nuevos y a pensar mejor. Llamamos ideación a la capacidad de tener y desarrollar ideas. Esto sucede cuando pensamos para nosotros mismos, como si tuviéramos una conversación interna. Los niños, cuando aprenden a hablar, empiezan a tener como un «diálogo secreto» consigo mismos, se cuentan su propia vida y entienden mejor lo que les pasa. Saber usar las palabras de esta manera es muy importante para planear muchas cosas que hacemos y pensar en ellas.

La comunicación interpersonal es mucho más que usar palabras. Hay personas que no pueden hablar y aun así comparten mucho con sus seres queridos, porque las palabras son solo una parte de cómo nos expresamos. La comunicación interpersonal también es cómo expresamos lo que decimos, cómo gesticulamos, cómo tocamos a la otra persona mientras nos comunicamos con ella. Porque, al hablar, también podemos cogerle la mano, o acariciarla o abrazarla. Podemos jugar a transmitir con el cuerpo justo lo contrario de lo que decimos, o a usar palabras amables para no hacer sentir mal a los demás o hacer notar que algo no nos ha gustado solo levantando una ceja. Esto es la riqueza de la comunicación real: es infinita. **Hablar y escuchar de verdad, usando nuestros ojos, oídos y hasta el tacto, es incomparable a escuchar, leer y escribir en una pantalla.**

MITOS DEL MARKETING

Mucha gente cree que los niños pueden aprender a hablar y a entender otros idiomas mirando programas en la tele o jugando con aplicaciones para aprender idiomas. Después de todo, las pantallas estimulan la vista y el oído, ¿no es así? Sin embargo, la realidad es bastante diferente: **mirar pantallas no ayuda a los niños a aprender a hablar, ni en la lengua propia ni en una segunda.**

Esto demuestra que **la interacción en persona es importantísima para el aprendizaje infantil.** Los bebés aprenden la mayoría de sus palabras, entre 750 y 1.000, a través de la interacción directa con las personas que los cuidan. La exposición a pantallas antes de los treinta meses no parece mejorar en absoluto el aprendizaje del lenguaje. Ni siquiera ayuda a reconocer una lengua extranjera. A partir de los tres años, el aprendizaje que se obtiene de las pantallas es mucho menor en comparación con la interacción directa con personas que hablan el idioma. De hecho, los niños que pasan mucho tiempo con pantallas pueden tener problemas en la adquisición del lenguaje y la socialización.

La buena noticia es que, cuando las familias limitan el acceso a las pantallas, se nota que los niños hablan y juegan mejor con otros. Además, cuando los niños pasan menos tiempo con las pantallas, los padres y otros cuidadores suelen pasar más tiempo interactuando con ellos, lo que ayuda mucho en su desarrollo del lenguaje.

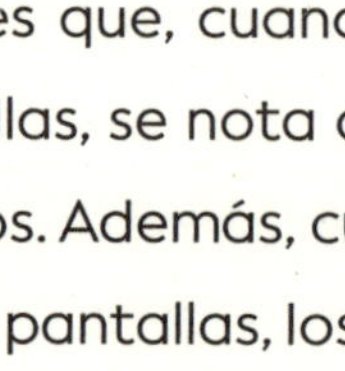

EL MARKETING

«Jamás nos habíamos comunicado tanto ni nos habíamos dado tantos besos como ahora».

LA REALIDAD

Escribir «un beso» o poner un emoticono no es lo mismo que dar un beso a alguien a quien quieres. Son muchos más los besos que se han robado, las miradas que no se han encontrado y las caricias que no se han dado. Por besar cristales hemos dejado de besar pieles y labios.

Pero las pantallas son una herramienta maravillosa para la escritura y la lectura, podrías pensar. Nos pasamos el día escribiendo y leyendo mensajes, chats, comentarios, etc. Sin embargo, este tipo de lectura es muy diferente de la que se obtiene de los libros o de la interacción directa con otras personas. Leer en una pantalla es una actividad más pasiva y menos enriquecedora que la lectura de un libro, donde cada palabra puede llevar a una nueva idea en la imaginación. Además, cuando leemos o escuchamos una historia, no solo procesamos las palabras, sino que también imaginamos los escenarios, los personajes y sus emociones, lo cual es un ejercicio excelente para el cerebro.

¿QUÉ DICE LA CIENCIA?

Cuando los niños aprenden a leer y a escribir, se abren a un mundo nuevo de comunicación. No solo pueden entender las historias que se les cuentan, sino que también pueden explorar por sí mismos todo lo que quieran leer y escribir.

Más allá de la distracción constante de los dispositivos, que naturalmente afecta la capacidad de concentrarse y comprender profundamente los textos, los estudios confirman que **la lectura en papel supera a la digital en términos de retención y comprensión**.

La escritura a mano emerge como un superpoder. Al escribir, no solo dibujamos letras, sino que ejercitamos el cerebro de forma única: **el acto de escribir estimula la coordinación, la atención, la reflexión y la creatividad**. Al mismo tiempo, refuerza la capacidad para entender y recordar mejor.

MITOS DEL MARKETING

Nos dicen que pasar muchas horas frente a una pantalla es bueno para aprender, pero no lo es. Las pantallas tienen efectos negativos en la atención, la comprensión, la memoria y la comunicación, porque nos fuerzan a simplificar el mensaje. Por todo esto, aunque pasemos el mismo tiempo que el que pasamos estudiando, aprendemos menoLa **tecnología, que se supone que está para ayudarnos a aprender mejor, a veces hace lo contrario.** El marketing nos vende la tecnología como la gran solución para el aprendizaje, y nos promete que todo será más fácil y rápido. Pero la realidad es que **el aprendizaje profundo requiere tiempo, esfuerzo y enfrentarse a desafíos**, algo que no encaja con el uso constante de la tecnología.

EN RESUMEN, ASÍ ES CÓMO LAS PANTALLAS ENTORPECEN TU COMUNICACIÓN

- ✗ **Te pierdes cosas importantes.** Puedes perderte cosas divertidas o importantes que están pasando a tu alrededor.
- ✗ **Te pierdes a los demás y los demás te pierden a ti.** Cuando alguien está mirando un móvil se interpreta como si el canal de comunicación estuviera cerrado. Probablemente no está haciendo nada importante, y aun así impide que se abran nuevas conversaciones entre las personas presentes. ¡Es una lástima!
- ✗ **Tu comunicación es pobre y limitada.** Las palabras son solo una parte del mensaje: te pierdes el tono, la gesticulación, la intención, la afectividad de la persona que tienes en frente. Además, los mensajes que se escriben a través de la pantalla son muy simples. Nada como una conversación cara a cara.
- ✗ **Puede ser más difícil hablar en persona.** Si te acostumbras a chatear o a mandar mensajes, hablar cara a cara puede parecer más difícil o incómodo.
- ✗ **Leer y escribir son cosas únicas.** Ninguna pantalla puede sustituir la escritura a mano o leer en papel; son acciones únicas y mucho más enriquecedoras que a través de las pantallas.

¿QUÉ ES LO QUE TU CEREBRO NECESITA EN REALIDAD?

✓ **Comunicación interpersonal.** Hablar cara a cara con amigos y familia te ayuda a entender mejor las emociones y las intenciones detrás de un mensaje, algo que las pantallas no pueden mostrar.

✓ **Contacto físico.** No es lo mismo escribir «un abrazo» o «muchos besos» que abrazar o besar a alguien querido. En la comunicación en persona, todos los sentidos están activos, emitiendo y recibiendo información valiosísima.

✔ **Escuchar y ser escuchado.** Aprender a escuchar a los demás y a compartir tus ideas y sentimientos es muy importante para construir vínculos significativos y sentirte comprendido.

✔ **Mensajes complejos y profundos.** El cerebro necesita estímulos reales y valiosos. Las conversaciones en persona pueden parecer más exigentes que cuando se está escondido detrás de una pantalla, pero la recompensa siempre es mucho mayor.

¿QUÉ PUEDES HACER?

→ **Explora los silencios.** A veces nos incomoda estar al lado de alguien sin saber qué decir, pero te reto a que sostengas esas situaciones sin buscar una escapatoria. A veces termina surgiendo la tranquilidad, y otras pueden aparecer conversaciones inesperadas.

→ **Fíjate en todo lo que transmite una persona más allá de las palabras.** Una persona puede decir una misma frase y que el significado sea completamente distinto, según su expresión facial, su gesticulación, su tono, su cercanía física...

→ **Organiza tardes de juegos en familia o con amigos.** Jugar a cartas o a juegos de mesa incentiva la conversación y el trabajo en equipo.

→ **Piensa lo que quieres decir.** Hay conversaciones que suponen un gran reto. Cuando vayas a tener una charla difícil, escribe antes qué quieres decir, qué necesitas, qué esperas conseguir. Así te será más fácil expresarte.

→ **Atrévete a improvisar.** Pierde el miedo a equivocarte, a disculparte por no haber sido preciso, o porque la otra persona ha entendido algo que tu no querías transmitir; incluso puede que algo le haya sentado mal, y no era tu intención.

6

Las pantallas empeoran tus relaciones y propician el bullying

El marketing ha hecho tan bien su labor que nos ha hecho creer que un adolescente sin móvil se va a quedar sin amigos. Todos los padres saben que hacer amigos y mantener relaciones en la adolescencia es fundamental.

Pero también se dan cuenta de algo importante: la forma en que nos relacionamos ha cambiado mucho debido a las pantallas. Antes, los niños de once años salían a jugar al parque, se reunían en la casa de un amigo para hacer tareas o simplemente charlaban cara a cara. Pero ahora, muchas veces estas interacciones son reemplazadas por mensajes de texto, vídeos y chats online.

Lo curioso es que esta forma de relacionarse no fue una elección de los niños y adolescentes, sino más bien algo que surgió porque los adultos pusieron pantallas delante de ellos. Cuando los niños tienen pantallas en casa, a menudo pasan menos tiempo jugando afuera y haciendo amigos en persona. Cuando llenamos las casas de pantallas, las calles se vacían de niños.

A poco que te hayas fijado, habrás detectado algo sorprendente: **a pesar de estar más «conectados» digitalmente, muchos adolescentes se sienten más solos.**

Por desgracia, esto es algo muy común hoy en día. Aunque puedas tener muchos «amigos» online, no es lo mismo que tener amigos en la vida real, con los que puedas jugar, hablar, divertirte, compartir experiencias, y en los que puedas confiar.

EL MARKETING		LA REALIDAD
«Hay que ofrecer recursos a los hijos».	→	Cuando se le da un recurso a un niño o a un adolescente, se le está robando la oportunidad de que lo desarrolle por sí mismo; cuando se le administra el entretenimiento, se convierte en pasivo y limita su creatividad.

La verdadera amistad no se basa en cuántos mensajes envías o recibes. Los amigos se hacen y se mantienen compartiendo tiempo juntos, apoyándose en momentos difíciles y disfrutando de las alegrías de la vida. Las pantallas pueden hacerte sentir que estás conectado, pero, a menudo, esa conexión es superficial.

¿QUÉ DICE LA CIENCIA?

Hay algo muy importante para las amistades, y es el deseo de verse. Aunque te pueda parecer raro, no estar hablando todo el rato es una forma buenísima de consolidar la amistad. Cuando quieres contarle algo a tu amigo y tienes que esperar a mañana, crecen en ti las ganas de verlo y compartir tiempo con él. Muchas veces, menos es más. No debes tener miedo de estar ratos solo; tus amigos no se olvidan de ti porque no estés conectado continuamente con ellos, al contrario.

Los amigos se hacen en presencia participando y en ausencia deseando estar con ellos. Piensa en tu plato favorito: si lo comes todos los días a todas las horas, rápido dejará de serlo.

A algunos chavales les cuesta mucho hacer amigos, porque la amistad, como todas las cosas buenas, es algo que va creciendo lentamente, hay que darle su tiempo y su espacio.

Como ya hemos visto, la información y la comunicación suceden mucho más allá de las palabras. Cuando podemos mirar a la cara a las personas con quien hablamos, podemos averiguar cómo se sienten, si están mintiendo, etc., a través de su tono de voz, su mirada y sus gestos. **Sin embargo, si podemos ocultarnos de los demás, nos sentimos a salvo de ese examen, lo que nos permite ser mucho más libres y descuidados.** Y esto conlleva muchos peligros.

EN INTERNET SIEMPRE ESTÁS SOLO

Nos han vendido internet como un lugar libre donde puedes expresarte y ser quien quieras. Sin embargo, tanto en las redes como en juegos online, muchas veces **la gente se convierte solo en nombres o avatares, o un nombre en la pantalla.** Ni pueden verte ni puedes ver sus caras, ni sus gestos, ni escuchar cómo suenan sus voces. Esto favorece que algunas personas se comporten de manera diferente, y lo llamamos **desinhibición online.** Esto puede ser muy peligroso para los menores de edad. **En internet siempre estás solo.** Aunque pueda parecer emocionante hablar con personas que no conoces, es importante recordar las lecciones de seguridad. En internet, existen adultos desconocidos que pueden no ser lo que parecen. Es como si alguien te ofreciera caramelos en la calle. Es mejor ser precavido y estar alerta.

Cuando son compañeros o conocidos quienes se meten con otros online, enviando mensajes o publicando cosas hirientes en internet, **hablamos de cyberbullying**. **El acoso en internet es cinco veces más común que en la vida real.** El cyberbullying es como un monstruo que se esconde detrás de la pantalla de tu móvil. No puedes verlo, pero está ahí. En ocasiones, este monstruo puede hacerte sentir muy mal. Aunque eres valiente y no tienes miedo de otros niños, los acosadores online pueden ser numerosos y persistentes. Si te encuentras con algo así, es importante hablar con un adulto de confianza sobre ello. La comunicación abierta es clave para mantenerte seguro y protegido en el mundo digital. Pero tus padres pueden hacer algo mucho mejor, que es no exponerte a esos peligros, al menos hasta que seas suficientemente mayor para defenderte solo.

EL MARKETING

«Si no tiene móvil, se meterán con él y le harán bullying».

LA REALIDAD

El bullying a través de la pantalla es cinco veces mayor que el que se da en el mundo real. Dar una pantalla a los niños los pone en claro riesgo de sufrirlo, no los protege.

No reírse de las personas es un aprendizaje que todos los niños tienen que hacer. A un niño no hay que comprarle un móvil por miedo a que se metan con él por no tenerlo, a un niño no hay que operarle la nariz porque se metan con él por su tamaño o forma, a un niño no hay que someterlo a una intervención quirúrgica porque se metan con él por su cuerpo. **Hay que educar al resto de niños a no meterse con otros niños ni a reírse de ellos por su apariencia física, ni por lo que tienen o dejan de tener.**

EN RESUMEN, ASÍ ES CÓMO LAS PANTALLAS AFECTAN TUS RELACIONES

- ✗ **Pasas menos tiempo con amigos.** Te puedes perder jugar y reír con tus amigos en persona.
- ✗ **Puedes sentirte solo.** Chatear online no es lo mismo que estar con amigos o familia de verdad, puede hacerte sentir soledad.
- ✗ **No conoces a nadie de verdad.** Dejas de notar cómo se siente el otro de verdad, y los demás también dejan de notar cómo te sientes tú. Conclusión: estás conectado pero aislado.
- ✗ **La constancia estropea el deseo de verse.** La comunicación continua con nuestros amigos no nos ayuda a hacer más fuerte nuestra amistad, sino que nos reduce el deseo de vernos y de hablarnos.
- ✗ **Puedes sufrir más bullying que en clase.** El cyberbullying afecta a muchísimos adolescentes, porque es muy fácil agredir en el anonimato de una pantalla.

¿QUÉ ES LO QUE TU CEREBRO NECESITA EN REALIDAD?

✓ **Tiempo para construir amistades fuertes.** Ninguna amistad se construye con un clic. Tener un buen amigo requiere pasar mucho tiempo juntos, compartir experiencias, crear un imaginario común, forjar un lenguaje propio...

✓ **Vínculos de confianza.** Aunque no estés con ellos, debes saber que tus amigos te siguen queriendo.

Comunicación real. Tu cerebro necesita entender qué hay más allá de las palabras. La interacción en persona es la comunicación de verdad. Lo que se comparte al tener un ataque de risa no es comparable con escribir «JAJAJAJA» o enviar un GIF.

Sentir las ganas de ver a otras personas. La comunicación constante te priva de sentir el deseo de ver a otras personas. Eso te puede llevar a mantener relaciones que no te aportan tanto y a desvalorizar aquellas verdaderamente importantes.

Aprender a estar presente. A veces, lo más importante es simplemente estar ahí, escuchar y compartir momentos con los que te rodean.

¿QUÉ PUEDES HACER?

- **Comparte experiencias reales.** Jugar en equipo, hacer deporte, música o compartir tus hobbies te permite disfrutar de la compañía de tus amigos y conocer gente nueva.
- **Sé respetuoso con todos en todas partes.** No hay nada que justifique que te burles de alguien, ni en persona ni detrás de una pantalla. Sufrir bullying tiene consecuencias duras.
- **Levanta la voz.** Si tú mismo o algún compañero ha sufrido acoso en internet, o fuera de él, habla con un adulto de tu confianza.

7

Las pantallas ponen en riesgo tu seguridad: el problema del porno

Las pantallas son como puertas que pueden llevarte a millones de sitios. Algunos de ellos son peligrosos o no son aptos para tu edad. Los contenidos que puedes leer o ver no están regulados: puede ser información falsa, errónea, sesgada, dañina o no adecuada a tu edad.

Ver contenidos violentos en internet puede desensibilizarnos ante el sufrimiento de los demás. Si ves a menudo imágenes o vídeos violentos online, puedes acostumbrarte a ver el sufrimiento de las víctimas como algo normal. Esto es peligroso, ya que puede hacer que seas menos empático y que tengas comportamientos crueles e insensibles con los demás.

EL MARKETING

«No se pueden poner puertas al campo».

LA REALIDAD

Exactamente: es imposible proteger a los niños y adolescentes una vez que tienen un teléfono en la mano. Es imposible frenar a los adultos malintencionados actuando desde el anonimato, es imposible poner freno a los contenidos inapropiados y a quienes los difunden, es imposible proteger a nuestros hijos de la crueldad de otros niños o adultos, una vez que tienen un teléfono en la mano. Por eso no hay que ponérselo, y eso sí que es fácil de hacer.

En internet también hay mucho porno, es decir, vídeos de sexo explícito. Si en algún momento te aparece porno en internet, lo primero que debes saber es que **lo que muestra el porno no es real**. En el porno, el sexo no es como en la vida real. Es como ver una película de superhéroes y pensar que la gente puede volar o tener superpoderes.

Los valores que representan suelen ser muy machistas e incluir contenidos violentos o de maltrato. Estas no son cosas con las que deberías estar familiarizado, especialmente a tu edad. Además, el porno puede mostrar prácticas que van en contra de las tres reglas importantes sobre las relaciones: **deben ser deseadas y consentidas por cada persona, deben establecerse entre personas de una edad similar y deben estar libres de violencia**.

Quizá pienses: «Si sé que no es verdad, ¿cuál es el peligro?». Bueno, el problema es que, a veces, especialmente cuando somos jóvenes, puede ser difícil separar lo que es real de lo que no lo es. Si vieras porno sin haber tenido experiencias sexuales, ¿cómo podrías estar seguro de que lo que ves no es como el sexo en la vida real? Es como si aprendieras a jugar al fútbol viendo partidos donde no se siguen las reglas: no estarías aprendiendo a jugar bien.

Además, el porno puede transformar tu deseo y puede causar problemas sexuales. **¿Qué sentido tiene dejar algo tan importante y bonito como tu sexualidad en manos de internet?**

MITOS DEL MARKETING

En el porno salen perdiendo las mujeres, porque:

- reproduce estereotipos de género,
- perpetúa la desigualdad,
- reproduce relaciones de poder y dominación por parte de los hombres,
- normaliza la violencia contra las mujeres,
- está pensado para satisfacer el deseo de algunos hombres,
- muestra mujeres sumisas y dispuestas a satisfacer a los hombres.

Al ver porno, los chavales aprenden que su rol en el sexo es el que se dibuja ahí. Eso lleva a prácticas inapropiadas que no elegirían si no hubieran visto esos contenidos.

Tener curiosidad sobre la sexualidad es sano y natural. Lo que no es sano es buscar las respuestas en el porno. Si tienes dudas sobre ello, es mucho mejor hablar con tus padres, profesores o personas de confianza. Ellos pueden darte información real y adecuada a tu edad.

¿QUÉ DICE LA CIENCIA?

Las relaciones sexoafectivas son maravillosas. Son una parte importante de la vida de las personas y una forma bonita de relacionarse y compartir intimidad. Es un mundo lleno de cosas por descubrir y disfrutar. Pero, como todo lo importante, **hay reglas que debemos seguir para asegurarnos de que todos estén seguros y contentos**.

- **Tener cariño por la persona con quien compartes tu intimidad** es fundamental. Es como tener un amigo con quien te sientes seguro y feliz.

- **No hacer daño ni dejar que te lo hagan.** Esto significa cuidar de ti y de la otra persona, asegurándote de que ambos os sentís cómodos y respetados.

- **No forzar a nadie a nada que no quiera hacer.** Es como en los juegos, donde todos deben estar de acuerdo con las reglas para divertirse.

EL MARKETING	LA REALIDAD
«No hay que prohibir, hay que educar».	La prohibición es una herramienta educativa indispensable porque, en la infancia, los recursos personales que permiten asumir responsabilidades todavía no han madurado. Por mucho que los niños sean conscientes de un peligro, si no han adquirido las habilidades para ser responsables, no podrán protegerse. La responsabilidad de protegerlos es de los adultos.

EN RESUMEN, ASÍ ES CÓMO LAS PANTALLAS PONEN EN RIESGO TU SEGURIDAD

- ✗ **Puedes encontrar información falsa y dañina.** Internet es un sitio lleno de información no fiable, es difícil discernir lo falso de lo real.
- ✗ **Puedes ver contenido no apto para tu edad.** Algunos juegos, películas o sitios web pueden tener imágenes e información que pueden confundirte o asustarte.
- ✗ **Puedes perder sensibilidad ante la violencia.** Ver violencia siempre es peligroso, pero muy especialmente en la infancia y la adolescencia.
- ✗ **Hablar con desconocidos.** En internet, a veces, personas que no conoces pueden intentar hablar contigo, no siempre es seguro.
- ✗ **Puedes encontrar porno.** El porno puede estropear una etapa preciosa de tu vida: el descubrimiento de tu sexualidad.

¿QUÉ ES LO QUE TU CEREBRO NECESITA EN REALIDAD?

✓ **Contenidos apropiados para tu edad.** Estás creciendo y formándote, tu cerebro necesita ir paso a paso.

✓ **Información y vínculos seguros.** Saber que no debes hablar con desconocidos online y proteger tu privacidad es muy importante.

✓ **Descubrir la sexualidad a tu ritmo.** La adolescencia es una etapa preciosa, y el despertar de la sexualidad es una parte muy bonita de ella. Tu cerebro necesita ir poco a poco y vivir cada experiencia con toda la intensidad.

✓ **Hablar de lo que ves en las pantallas.** Compartir y hablar con tus padres o maestros sobre lo que ves en las pantallas te ayuda a entenderlo mejor y a saber qué es seguro.

¿QUÉ PUEDES HACER?

→ **Busca información y apoyo en tus padres o maestros.** Cuando tengas curiosidad o te preocupe algún tema en especial, pregúntales abiertamente. Ellos pueden guiarte y protegerte muchísimo mejor que internet.

→ **No tengas prisa para aprender sobre la sexualidad.** Vive tus experiencias en la vida real sin miedo y a tu ritmo. Tu sexualidad es única, no la dejes en manos del porno.

→ **Si no te queda más remedio que usar una pantalla, utiliza la que tus padres han puesto en el salón a la vista de todos.** La mejor protección sobre lo que pasa en una pantalla es la misma que fuera de ella: la mirada de los adultos que te cuidan.

→ **Si te encuentras contenido inapropiado, informa inmediatamente a los adultos.** La curiosidad nos abre las puertas del mundo, nos ayuda a crecer, pero hay que saber manejarla bien. No hay nada en el porno para ti; los adultos y expertos lo han explorado en profundidad y saben que no hay nada bueno para ti. Confía en ellos, busca las respuestas en el mundo real.

Epílogo

Un paso atrás para avanzar más seguros

Antes la gente usaba bicicletas, y luego cambiaron a los coches porque eran más rápidos y potentes. Pero, ahora, estamos volviendo a usar bicicletas y coches eléctricos porque son más amigables con el medio ambiente. Es como un círculo: avanzamos, pero también recordamos lo bueno de lo antiguo.

Con la tecnología pasa algo parecido. Claro que no vamos a dejar de usar las cosas buenas que nos ofrece la tecnología. Hay inventos increíbles que nos ayudan mucho. Pero también estamos aprendiendo que la tecnología debe estar al servicio de las personas, no al revés. Debe hacernos la vida más fácil, liberarnos de trabajos duros y darnos más tiempo para cosas importantes, como la familia, los amigos y actividades que nos enriquecen.

A veces, la tecnología nos atrapa en las pantallas y nos quita tiempo de vivir la vida real. **Tenemos tiempo libre, pero en lugar de usarlo para jugar, aprender o estar con amigos, lo pasamos mirando una pantalla.**

Tus padres y tus profesores están trabajando para cambiar esto. Quieren protegerte para que crezcas libre y no dependas de las pantallas. Quieren que tengas tiempo para desarrollar tus propios deseos e ideas, no los que te imponen las pantallas o las empresas que están detrás de ellas.

El ser humano ha logrado cosas increíbles cuando se ha propuesto cambiar algo que no está bien. Y esta lucha por un uso equilibrado de la tecnología es una de esas cosas. El objetivo es dejarte un mundo mejor del que encontraron tus padres. Y cuando crezcas, tú también tendrás la oportunidad de seguir haciendo cambios y mejorando el mundo para tus hijos.

Por eso, la próxima vez que le pidas un móvil a tus padres, recuerda esto que voy a decirte: **no quieren comprarte un móvil porque te quieren**. Dar un móvil a alguien joven puede parecer un buen regalo, pero también puede ser una puerta a la infelicidad.

Así que, aunque a veces no entiendas por qué dicen que no a algunas cosas, recuerda que tus padres te quieren y siempre piensan en lo que es mejor para ti. ¡Y siempre habrá tiempo para un móvil más adelante, cuando estés listo para usarlo de manera responsable!

CUANDO LAS PANTALLAS SE APAGAN, LA VIDA BROTA

Bibliografía

PARTE 1.
EL CEREBRO, LAS PANTALLAS Y TÚ

1. Las pantallas han contaminado nuestro cerebro

- Madigan, S.; D. Browne, N. Racine, C. Mori y S. Tough, «Association between Screen Time and Children's Performance on a Developmental Screening Test», *JAMA Pediatrics*, 173 (3) (2019), pp. 244-250.
- Uhls, Y.; M. Michikyan, J. Morris, D. Garcia, G. Small, E. Zgourou y P. Greenfield, *Five Days at Outdoor Education Camp without Screens Improves Preteen Skills with Nonverbal Emotion Cues*, UCLA (2014).
- Werling, A. M.; S. Kuzhippallil, S. Emery, S. Walitza y R. Drechsler, «Problematic Use of Digital Media in Children and

Adolescents with a Diagnosis of Attention-Deficit/Hyperactivity Disorder Compared to Controls: A Meta-Analysis», *Journal of Behavioral Addictions*, 11 (2) (2022), pp. 305-325.

2. Las pantallas y el cerebro adolescente

- Blakemore, S. J. y K. L. Mills, «Is Adolescence a Sensitive Period for Sociocultural Processing?», *Annual Review of Psychology*, 65 (2014), pp. 187-207.
- Giedd, J. N.; J. Blumenthal, N. O. Jeffries, F. X. Castellanos, H. Liu, A. Zijdenbos, A. C. Evans y J. L. Rapoport, «Brain Development during Childhood and Adolescence: A Longitudinal MRI Study», *Nature Neuroscience*, 2 (10) (1999), pp. 861-863.
- Huttenlocher, P. R. y A. S. Dabholkar, «Developmental Synapse Elimination in the Human Cerebral Cortex», *Journal of Comparative Neurology*, 387 (2) (1997), pp. 167-178.

PARTE 2.
7 RAZONES POR LAS QUE SIN PANTALLAS VIVIRÁS MEJOR

1. Las pantallas impactan sobre tu salud física

- Álvarez-Peregrina, C.; M. Á. Sánchez-Tena, C. Martínez-Pérez y C. Villa-Collar, «The Relationship between Screen and Outdoor Time with Rates of Myopia in Spanish Children», *Front Public Health*, 8 (2020), pp. 3-8.

- Foreman, J.; A. T. Salim, A. Praveen, D. Fonseka, D. S. W. Ting, M. G. He, R. R. A. Bourne, J. Crowston, T. Y. Wong y M. Dirani, «Association between Digital Smart Device Use and Myopia: A Systematic Review and Meta-Analysis», *Lancet Digit Health*, 3 (12) (2021), pp. e806-e818.
- Özünlü Pekyavaş, N.; O. Bastug Yuruk y F. Saygılı, «Artan Mobil Teknoloji Kullanımının Yol Açtığı Ağrı Sendromu: "Text Neck"», *Adnan Menderes Üniversitesi Sağlık Bilimleri Fakültesi Dergisi*, 4 (3) (2020), pp. 251-257.

2. Las pantallas limitan tu neurodesarrollo

- Hutton, J. S.; J. Dudley, T. Horowitz-Kraus, T. DeWitt y S. K. Holland, «Associations between Screen-Based Media Use and Brain White Matter Integrity in Preschool-Aged Children», *JAMA Pediatrics*, 174 (1) (2020).

3. Las pantallas interrumpen tu atención

- Boers, E.; M. H. Afzali, N. Newton y P. Conrod, «Association of Screen Time and Depression in Adolescence», *JAMA Pediatrics*, 173 (9) (2019), pp. 853-859.
- Loh, K. K. y R. Kanai, «Higher Media Multi-Tasking Activity Is Associated with Smaller Gray-Matter Density in the Anterior Cingulate Cortex», *PLOS ONE*, 9 (9) (2014).

- Strafella, A. P.; T. Paus, M. Fraraccio y A. Dagher, «Striatal Dopamine Release Induced by Repetitive Transcranial Magnetic Stimulation of the Human Motor Cortex», *Brain: A Journal of Neurology*, 126 (12) (2003), pp. 2609-2615.

4. Las pantallas afectan tus emociones

- Bao, T.; B. Liang e Y. E. Riyanto, «Social Media and Life Satisfaction: Evidence from Chinese Time-Use Survey», SSRN (2019).
- Berndt, T. J., «The Features and Effects of Friendship in Early Adolescence», *Child Development*, 53 (6) (1982), pp. 1447-1460.
- Twenge, J. M. y W. K. Campbell, «Associations between Screen Time and Lower Psychological Well-Being among Children and Adolescents: Evidence from a Population-Based Study», *Preventive Medicine Reports*, 12 (2018), p. 271-283.

5. Las pantallas entorpecen tu comunicación

- Brzozowska, I. e I. Sikorska, «Potential Effects of Screen Media on Cognitive Development among Children under 3 Years Old: Review of Literature», *Developmental Period Medicine*, 20 (1) (2016), pp. 75-81.

- Strasburger, V., «Should Babies Be Watching and Using Screens? The Answer Is Surprisingly Complicated», *Acta Paediatrica*, 104 (10) (2015).

6. Las pantallas empeoran tus relaciones y propician el bullying

- Twenge, J. M., *iGen: Why Today's Super-Connected Kids Are Growing Up Less Rebellious, More Tolerant, Less Happy —and Completely Unprepared for Adulthood— and What That Means for the Rest of Us*, Atria Books, 2017.

7. Las pantallas ponen en riesgo tu seguridad: el problema del porno

- Kowalski, R. M.; G. W. Giumetti, A. N. Schroeder y M. R. Lattanner, «Bullying in the Digital Age: A Critical Review and Meta-Analysis of Cyberbullying Research among Youth», *Psychological Bulletin*, 140 (4) (2014), pp. 1073-1137.